LA REINE
MARGOT

PAR

ALEXANDRE DUMAS.

5

PARIS
MICHEL LÉVY FRÈRES, ÉDITEURS, | PÉTION, ÉDITEUR,
1, rue Vivienne. | 11, rue du Jardinet.
1847

LA REINE MARGOT.

BIBLIOTHEQUE DRAMATIQUE

Publiée par MICHEL LÉVY frères.

Pièces de Théâtre en vente.

1re SÉRIE, FORMAT GRAND IN-8.

Le Serpent sous l'herbe, vaudeville en 1 acte.	» fr. 50 c.
La Carotte d'Or, comedie-vaudeville en 1 acte	» 50
Les Frères Dondaine, vaudeville en 1 acte	» 60
Juanita, comedie-vaudeville en 2 actes	» 60
Philippe II, roi d'Espagne, drame en 5 actes; précédé de l'Étudiant d'Alcala, prologue.	» 60
L'Étoile du Berger, feerie en 14 tableaux	» 60
Le Trompette de M. le Prince, opera-comique en 1 acte.	» 60
Le Petit-Fils, comedie-vaudeville en 1 acte	» 60
Le Jardin d'Hiver, comedie-vaudeville en 1 acte	» 50
Rocambolle le Bateleur, vaudeville en 2 actes	» 50
Frisette, comedie-vaudeville en 1 acte	» 50
Les Mousquetaires de la Reine, opera-comique en 3 actes.	1 »
Le Lait d'Anesse, comedie-vaudeville en 1 acte	» 50
Le Roman comique, comedie-vaudeville en 3 acte.	» 60
Un Mari qui se dérange, comedie-vaudeville en 2 actes	» 60
La Famille Poisson, comedie en 1 acte.	» 60
La Mère de Famille, vaudeville en 1 acte	» 50
L'Enfant du Carnaval, vaudeville en 3 actes.	» 60
Don Juan, opera en 5 actes	1 »
Monsieur de Maugaillard, comedie en 1 acte	» 60
La Femme de mon mari, vaudeville en 2 actes	» 60
L'Inconsolable, vaudeville en 3 actes.	» 60
Le Gamin de Londres, drame-vaudeville en 3 actes.	» 60

2e SÉRIE, FORMAT IN 18 ANGLAIS.

Le Gant et l'Éventail, comedie-vaudeville en 3 actes	» 60
La Baronne de Blignac, comedie-vaudeville en 1 acte.	» 50
L'Inventeur de la Poudre, vaudeville en 1 acte.	» 50
Le Château des Sept-Tours, drame en 5 actes	» 60
Sport et Turf, gentilhomme ne en 2 actes	» 60
Le Docteur Noir, drame en 7 actes	» 60
Françoise de Rimini, tragedie en 5 actes.	» 60
Charlotte, drame en 3 actes, precede de La Fin d'un Roman, prologue	» 60
Clarisse Harlowe, drame en 3 actes	» 60
Madame de Tencin, drame en 5 actes..	» 60
Gentil-Bernard, ou l'Art d'Aimer, comédie-vaudeville en 5 actes	» 60

La Bibliothèque dramatique publiera, à l'avenir, toutes les œuvres théâtrales de MM. Bayard, Anicet Bourgeois, Dumanoir, Lockroy, Mélesville et Frédéric Soulié, qui se sont engagés également pour leurs collaborateurs, et les œuvres choisies des meilleurs auteurs dramatiques.

Il paraît 3 ou 4 pièces par mois. — 4 volumes par an.

Prix de chaque volume, 5 francs.

CHAQUE VOLUME ET CHAQUE PIÈCE SE VENDENT SÉPARÉMENT.

Impr. de E. Dépée, a Sceaux (Seine.)

LA REINE
MARGOT

PAR

ALEXANDRE DUMAS.

5

PARIS
MICHEL LÉVY FRÈRES, ÉDITEURS,   PÉTION, ÉDITEUR,
1, rue Vivienne.   11, rue du Jardinet.
1847

I

Les confidences.

La première chose qu'apprit le duc d'Anjou en arrivant au Louvre, c'est que l'entrée solennelle des ambassadeurs était fixée au cinquième jour. Les tailleurs et les joailliers attendaient le prince avec de magnifiques habits et de superbes parures que le roi avait commandés pour lui.

Pendant qu'il les essayait avec une colère qui mouillait ses yeux de larmes, Henri de Navarre s'égayait fort d'un magnifique collier d'émeraudes, d'une épée à poignée d'or et d'une bague précieuse que Charles lui avait envoyés le matin même.

D'Alençon venait de recevoir une lettre, et s'était renfermé dans sa chambre pour la lire en toute liberté.

Quant à Coconnas, il demandait son ami à tous les échos du Louvre.

En effet, comme on le pense bien, Coconnas, assez peu surpris de ne pas voir rentrer La Mole de toute la nuit, avait commencé dans la matinée à concevoir quelque inquiétude : il s'était en conséquence mis à la recherche de son ami, commençant son investigation par l'hôtel de la Belle-Étoile passant de l'hôtel de la Belle-Étoile à la rue Cloche-Percée, de la rue Cloche-Percée à la rue Tizon, de la rue Tizon au pont Saint-Michel, enfin du pont Saint-Michel au Louvre.

Cette investigation avait été faite, vis-à-vis de ceux auxquels elle s'adressait, d'une façon tantôt si originale, tantôt si exigeante, ce qui est facile à concevoir quand on connaît le caractère excentrique de Coconnas, qu'elle avait suscité entre lui et trois seigneurs de la cour des explications qui avaient fini à la mode de l'époque, c'est-à-dire sur le terrain. Coconnas avait mis à ces rencontres la conscience qu'il mettait d'ordinaire à ces sortes de choses; il avait tué le premier et blessé les deux autres, en disant :

— Ce pauvre La Mole, il savait si bien le latin !

C'était au point que le dernier, qui était le baron de Boissey, lui avait dit en tombant :

— Ah ! pour l'amour du ciel, Coconnas, varie un peu, et dis au moins qu'il savait le grec.

Enfin, le bruit de l'aventure du corridor avait transpiré ; Coconnas s'en était gonflé de douleur, car un instant il avait cru que tous ces rois et tous ces princes lui avaient tué son ami, et l'avaient jeté dans quelque oubliette, ou l'avaient enterré dans quelque coin.

Il apprit que d'Alençon avait été de la partie, et passant par-dessus la majesté qui entourait le prince du sang, il l'alla trouver et lui demanda une explication comme il l'eût fait envers un simple gentilhomme.

D'Alençon eut d'abord bonne envie de mettre à la porte l'impertinent qui venait lui demander compte de ses actions; mais Coconnas parlait d'un ton de voix si bref, ses yeux flamboyaient d'un tel éclat, l'aventure des trois duels en moins de vingt-quatre heures avait placé le Piémontais si haut, qu'il réfléchit, et qu'au lieu de se livrer à son premier mouvement, il répondit à son gentilhomme avec un charmant sourire :

— Mon cher Coconnas, il est vrai que le roi furieux d'avoir reçu sur l'épaule une aiguière d'argent, le duc d'Anjou mécontent d'avoir été coiffé avec une compote d'orange, et le duc de Guise humilié d'avoir été souffleté avec un quartier de sanglier ont fait la partie de tuer M. de La Mole; mais un ami de votre ami a détourné le coup. La partie a donc manqué, je vous en donne ma parole de prince.

— Ah! fit Coconnas respirant sur cette assurance comme un soufflet de forge, ah! mordi, Monseigneur, voilà qui est bien, et je voudrais connaître cet ami pour lui prouver ma reconnaissance.

M. d'Alençon ne répondit rien, mais sourit plus agréablement encore qu'il ne l'avait fait; ce qui laissa croire à Coconnas que cet ami n'était autre que le prince lui-même.

— Eh bien, Monseigneur! reprit-il, puisque vous avez tant fait que de me dire le commencement de l'histoire, mettez le comble à vos bontés en me racontant la fin. On voulait le tuer, mais on ne l'a pas tué, me dites-vous ; voyons ! qu'en a-t-on fait ? Je suis courageux, allez ! dites, et je sais supporter une mauvaise nouvelle. On l'a jeté dans quelque cul de basse-fosse, n'est-ce pas ? Tant mieux, cela le rendra circonspect. Il ne veut jamais écouter mes conseils. D'ailleurs on l'en tirera, mordi ! Les pierres ne sont pas dures pour tout le monde.

D'Alençon hocha la tête.

— Le pis de tout cela, dit-il, mon brave Coconnas, c'est que depuis cette aventure ton ami a disparu, sans qu'on sache où il est passé.

— Mordi! s'écria le Piémontais en pâlissant de nouveau, fût-il passé en enfer, je saurai où il est.

— Écoute, dit d'Alençon, qui avait, mais par des motifs bien différents, aussi bonne envie que Coconnas de savoir où était La Mole, je te donnerai un conseil d'ami.

— Donnez, Monseigneur, dit Coconnas, donnez.

— Va trouver la reine Marguerite, elle doit savoir ce qu'est devenu celui que tu pleures.

— S'il faut que je l'avoue à Votre Altesse, dit Coconnas, j'y avais déjà pensé, mais je n'avais point osé; car, outre que Madame Marguerite m'impose plus que je ne saurais dire, j'avais peur de la trouver dans les larmes. Mais, puisque Votre Altesse m'assure que La Mole n'est pas mort et que Sa Majesté doit savoir où il est, je vais faire provision de courage et aller la trouver.

— Va, mon ami, va, dit le duc François. Et quand tu auras des nouvelles, donne-m'en à moi-même; car je suis en vérité aussi inquiet que toi. Seulement souviens-toi d'une chose, Coconnas...

— Laquelle?

— Ne dis pas que tu viens de ma part, car, en commettant cette imprudence, tu pourrais bien ne rien apprendre.

— Monseigneur, dit Coconnas, du moment où Votre Altesse me recommande le secret sur ce point, je serai muet comme une tanche ou comme la reine-mère.

— Bon prince, excellent prince, prince magnanime, murmura Coconnas en se rendant chez la reine de Navarre.

Marguerite attendait Coconnas, car le bruit de son désespoir était arrivé jusqu'à elle, et en apprenant par quels exploits ce désespoir s'était signalé, elle avait presque pardonné à Coconnas la façon quelque peu brutale dont il traitait son amie Madame la la duchesse de Nevers, à laquelle le Piémontais ne s'était point adressé à cause d'une grosse brouille existant déjà depuis deux ou trois jours entre eux. Il fut donc introduit chez la reine aussitôt qu'annoncé.

Coconnas entra, sans pouvoir surmonter

ce certain embarras dont il avait parlé à d'Alençon, qu'il éprouvait toujours en face de la reine et qui lui était bien plus inspiré par la supériorité de l'esprit que par celle du rang ; mais Marguerite l'accueillit avec un sourire qui le rassura tout d'abord.

— Eh ! madame, dit-il, rendez-moi mon ami, je vous en supplie, ou dites-moi tout au moins ce qu'il est devenu ; car sans lui je ne puis pas vivre. Supposez Euryale sans Nisus, Damon sans Pythias, ou Oreste sans Pylade, et ayez pitié de mon infortune en faveur d'un des héros que je viens de vous citer et dont le cœur, je vous le jure, ne l'emportait pas en tendresse sur le mien.

Marguerite sourit, et après avoir fait promettre le secret à Coconnas, elle lui raconta la fuite par la fenêtre. Quant au lieu de son séjour, si instantes que fussent les prières du Piémontais, elle garda sur ce point le plus profond silence. Cela ne satisfaisait qu'à demi Coconnas, aussi se laissa-t-il aller à des aperçus diplomatiques de la plus haute sphère. Il en résulta que Marguerite vit clairement que le duc d'Alençon était de moitié dans le désir qu'avait son gentilhomme de connaître ce qu'était devenu La Mole.

— Eh bien! dit la Reine, si vous voulez absolument savoir quelque chose de positif sur le compte de votre ami, demandez au roi Henri de Navarre, c'est le seul qui ait le droit de parler ; quant à moi, tout ce que je puis vous dire c'est que celui que vous cherchez est vivant : croyez-en ma parole.

— J'en crois une chose plus certaine encore, Madame, répondit Coconnas : ce sont vos beaux yeux qui n'ont point pleuré.

Puis, croyant qu'il n'y avait rien à ajouter à une phrase qui avait le double avantage de rendre sa pensée et d'exprimer la haute opinion qu'il avait du mérite de La Mole, Coconnas se retira, en ruminant un raccommodement avec madame de Nevers, non pas pour elle personnellement, mais pour savoir d'elle ce qu'il n'avait pu savoir de Marguerite.

Les grandes douleurs sont des situations anormales dont l'esprit secoue le joug aussi vite qu'il lui est possible. L'idée de quitter Marguerite avait d'abord brisé le cœur de La Mole ; et c'était bien plutôt pour sauver la réputation de la reine que pour préserver sa propre vie qu'il avait consenti à fuir.

Aussi dès le lendemain au soir était-il revenu à Paris pour revoir Marguerite à son balcon. Marguerite de son côté, comme si une voix secrète lui eût appris le retour du jeune homme, avait passé toute la soirée à sa fenêtre, il en résulta que tous deux s'étaient revus avec ce bonheur indicible qui accompagne les jouissances défendues. Il y a même plus, l'esprit mélancolique et romanesque de La Mole trouvait un certain charme à ce contre-temps. Cependant comme l'amant véritablement épris n'est heureux qu'un moment, celui pendant lequel il voit ou possède, et souffre pendant tout le temps de l'absence, La Mole, ardent de revoir Marguerite, s'occupa d'organiser au plus vite l'évènement qui devait la lui rendre, c'est-à-dire la fuite du roi de Navarre.

Quant à Marguerite, elle se laissait, de son

côté, aller au bonheur d'être aimée avec un dévouement si pur. Souvent elle s'en voulait de ce qu'elle regardait comme une faiblesse ; elle, cet esprit viril, méprisant les pauvretés de l'amour vulgaire, insensible aux minuties qui en font pour les âmes tendres le plus doux, le plus délicat, le plus désirable de tous les bonheurs, elle trouvrait sa journée, sinon heureusement remplie, du moins heureusement terminée, quand vers neuf heures, paraissant à son balcon vêtue d'un peignoir blanc, elle apercevait sur le quai, dans l'ombre, un cavalier dont la main se posait sur ses lèvres, sur son cœur, c'était alors une toux significative qui rendait à l'amant le souvenir de la voix aimée. C'était quelquefois aussi un billet vigoureusement lancé par une petite main et qui enveloppait quelque bijoux précieux, mais bien plus précieux encore pour avoir appartenu à celle qui l'envoyait que pour la matière qui lui donnait sa valeur, et qui allait résonner sur le pavé à quelques pas du jeune homme. Alors La Mole, pareil à un Milan, fondait sur cette proie, la serrait dans son sein, répondait par la même voie, et Marguerite ne quittait son balcon qu'après avoir entendu se perdre dans la nuit les pas du cheval poussé à toute bride pour venir et qui, pour s'éloigner, semblait d'une matière aussi inerte que le fameux colosse qui perdit Troie.

Voilà pourquoi la reine n'était pas inquiète du sort de La Mole, auquel, du reste, de peur que ses pas ne fussent épiés, elle refusait opiniâtrement tout autre rendez-vous que ces entrevues à l'espagnole, qui duraient depuis sa fuite et se renouvelaient dans la soirée de chacun des jours qui s'écoulaient dans l'attente de la réception des ambassadeurs, réception remise à quelques jours, comme on l'a vu, par les ordres exprès d'Ambroise Paré.

La veille de cette réception, vers neuf heures du soir, comme tout le monde au Louvre était préoccupé des préparatifs du lendemain, Marguerite ouvrit sa fenêtre et s'avança sur le balcon; mais à peine y fut-elle que, sans attendre la lettre de Marguerite, La Mole, plus pressé que de coutume, envoya la sienne, qui vint, avec son adresse accoutumée, tomber aux pieds de sa royale maîtresse. Marguerite comprit que la missive devait renfermer quelque chose de particulier, elle rentra pour la lire.

Le billet, sur le *recto* de la première page, renfermait ces mots :

« Madame, il faut que je parle au roi de Navarre. L'affaire est urgente. J'attends. »

Et sur le second *recto* ces mots, que l'on pouvait isoler des premiers en séparant les deux feuilles :

« Ma dame et ma reine, faites que je puisse vous donner un de ces baisers que je vous envoie. J'attends. »

Marguerite achevait à peine cette seconde partie de la lettre, qu'elle entendit la voix de Henri de Navarre qui, avec sa réserve habituelle, frappait à la porte commune et demandait à Gillonne s'il pouvait entrer.

La reine divisa aussitôt la lettre, mit une des pages dans son corset, l'autre dans sa poche, courut à la fenêtre, qu'elle ferma, et s'élançant vers la porte :

— Entrez, Sire, dit-elle

Si doucement, si promptement, si habilement que Marguerite eût fermé cette fenêtre, la commotion en était arrivée jusqu'à Henri, dont les sens toujours tendus avaient, au milieu de cette société dont il se défiait si fort, presque acquis l'exquise délicatesse où ils sont portés chez l'homme vivant dans l'état sauvage. Mais le roi de Navarre n'était pas un de ces tyrans qui veulent empêcher leurs femmes de prendre l'air et de contempler les étoiles.

Henri était souriant et gracieux comme d'habitude.

— Madame, dit-il, tandis que tous nos gens de cour essaient leurs habits de cérémonie, j'ai pensé à venir échanger avec vous quelques mots de mes affaires, que vous continuez de regarder comme les vôtres, n'est-ce pas?

— Certainement, Monsieur, répondit Marguerite, nos intérêts ne sont-ils pas toujours les mêmes?

— Oui, Madame, et c'est pour cela que je voulais vous demander ce que vous pensez de l'affectation que M. le duc d'Alençon met depuis quelques jours à me fuir, à ce point que depuis avant-hier il s'est retiré à

Saint-Germain. Ne serait-ce pas pour lui, soit un moyen de partir seul, car il est peu surveillé, soit un moyen de ne point partir du tout? Votre avis, s'il vous plaît, Madame; il sera, je vous l'avoue, d'un grand poids pour affermir le mien.

— Votre Majesté a raison de s'inquiéter du silence de mon frère. J'y ai songé aujourd'hui toute la journée, et mon avis est que, les circonstances ayant changé, il a changé avec elles.

— C'est-à-dire, n'est-ce pas, que, voyant le roi Charles malade, le duc d'Anjou roi de Pologne, il ne serait pas fâché de demeurer à Paris pour garder à vue la couronne de France?

— Justement.

— Soit. Je ne demande pas mieux, dit Henri : qu'il reste, seulement, cela change tout notre plan ; car il me faut, pour partir seul, trois fois les garanties que j'aurais demandées pour partir avec votre frère, dont le nom et la présence dans l'entreprise me sauvegardaient. Ce qui m'étonne seulement c'est de ne pas entendre parler de de Mouy. Ce n'est point son habitude de demeurer ainsi sans bouger. N'en auriez-vous point eu des nouvelles, Madame ?

— Moi, Sire ! dit Marguerite étonnée ; et comment voulez-vous...

— Eh ! pardieu, ma mie, rien ne serait plus naturel ; vous avez bien voulu, pour me faire plaisir, sauver la vie au petit La Mole... Ce garçon a dû aller à Mantes... et quand on y va, on en peut bien revenir.....

— Ah! voilà qui me donne la clé d'une énigme dont je cherchais vainement le mot, répondit Marguerite. J'avais laissé la fenêtre ouverte, et j'ai trouvé, en rentrant, sur mon tapis, une espèce de billet.

— Voyez-vous cela! dit Henri.

— Un billet auquel d'abord je n'ai rien compris, et auquel je n'ai attaché aucune importance, continua Marguerite; peut-être avais-je tort et vient-il de ce côté-là.

— C'est possible, dit Henri; j'oserai même dire que c'est probable. Peut-on voir ce billet?

— Certainement, Sire, répondit Marguerite en remettant au roi celle des deux feuilles de papier qu'elle avait introduite dans sa poche.

Le roi jeta les yeux dessus.

— N'est-ce point l'écriture de M. de La Mole? dit-il.

— Je ne sais, répondit Marguerite ; le caractère m'en a paru contrefait.

— N'importe, lisons, dit Henri.

Et il lut :

« Madame, il faut que je parle au roi de Navarre. L'affaire est urgente. J'attends. »

— Ah ! oui-dà ! continua Henri... Voyez-vous, il dit qu'il attend !

— Certainement je le vois, dit Marguerite... Mais, que voulez-vous ?

— Eh ! ventre saint-gris ! je veux qu'il vienne.

— Qu'il vienne ! s'écria Marguerite en fixant sur son mari ses beaux yeux étonnés ; comment pouvez-vous dire une chose pareille, Sire ! Un homme que le roi a voulu tuer... qui est signalé, menacé... Qu'il vienne ! dites-vous ; est-ce que c'est possible !... Les portes sont-elles faites pour ceux qui ont été...

— Obligés de fuir par la fenêtre... vous voulez dire ?

— Justement, et vous achevez ma pensée.

— Eh bien ! mais, s'ils connaissent le

chemin de la fenêtre, qu'ils reprennent ce chemin, puisqu'ils ne peuvent absolument pas entrer par la porte. C'est tout simple, cela.

— Vous croyez! dit Marguerite rougissant de plaisir à l'idée de se rapprocher de La Mole.

— J'en suis sûr.

— Mais, comment monter? demanda la reine.

— N'avez-vous donc pas conservé l'échelle de corde que je vous avais envoyée? Ah! je ne reconnaîtrais point là votre prévoyance habituelle.

— Si fait, Sire, dit Marguerite.

— Alors c'est parfait, dit Henri.

— Qu'ordonne donc Votre Majesté?

— Mais, c'est tout simple, dit Henri, attachez-la à votre balcon et la laissez pendre. Si c'est de Mouy qui attend — et je serais tenté de le croire — si c'est de Mouy qui attend et qui veuille monter, il montera, ce digne ami.

Et sans perdre de son flegme, Henri prit la bougie pour éclairer Marguerite dans la recherche qu'elle s'apprêtait à faire de l'échelle; la recherche ne fut pas longue, elle était enfermée dans une armoire du fameux cabinet.

— Là, c'est cela, dit Henri; maintenant, Madame, si ce n'est pas trop exiger de votre complaisance, attachez, je vous prie, cette échelle au balcon.

— Pourquoi moi et non pas vous, Sire? dit Marguerite.

— Parce que les meilleurs conspirateurs sont les plus prudents. La vue d'un homme effaroucherait peut-être notre ami, vous comprenez...

Marguerite sourit et attacha l'échelle.

— Là, dit Henri en restant caché dans l'angle de l'appartement, montrez-vous bien, maintenant faites voir l'échelle. A merveille, je suis sûr que de Mouy va monter.

En effet, dix minutes après, un homme ivre de joie enjamba le balcon, et, voyant que la reine ne venait pas au-devant de lui, demeura quelques secondes hésitant. Mais, à défaut de Marguerite, Henri s'avança.

— Tiens, dit-il gracieusement, ce n'est

point de Mouy, c'est M. de La Mole; bon soir, Monsieur de La Mole ; entrez donc, je vous prie.

La Mole demeura un instant stupéfait. Peut-être, s'il eût été encore suspendu à son échelle au lieu d'être posé de pied ferme sur le balcon, fût-il tombé en arrière.

— Vous avez désiré parler au roi de Navarre pour affaires urgentes, dit Marguerite; je l'ai fait prévenir, et le voilà.

Henri alla fermer la fenêtre.

— Je t'aime, dit Marguerite en serrant vivement la main du jeune homme.

— Eh bien! Monsieur, fit Henri en présentant une chaise à La Mole, que disons-nous ?

— Nous disons, Sire, répondit celui-ci, que j'ai quitté M. de Mouy à la barrière. Il désire savoir si Maurevel a parlé et si sa présence dans la chambre de Votre Majesté est connue?

— Pas encore, mais cela ne peut tarder; il faut donc nous hâter.

— Votre opinion est la sienne, Sire, et si demain, pendant la soirée, M. d'Alençon est prêt à partir, de Mouy se trouvera à la porte Saint Marcel avec cent cinquante hommes, cinq cents vous attendront à Fontainebleau; alors vous gagnerez Blois, Angoulême et Bordeaux.

— Madame, dit Henri en se tournant vers sa femme, demain, pour mon compte, je serai prêt, le serez-vous?

Les yeux de La Mole se fixèrent sur ceux de Marguerite avec une profonde anxiété.

— Vous avez ma parole, dit la reine : partout où vous irez, je vous suis ; mais, vous le savez, il faut que M. d'Alençon parte en même temps que nous. Pas de milieu avec lui, il nous sert ou nous trahit; s'il hésite, ne bougeons pas.

— Sait-il quelque chose de ce projet, monsieur de La Mole ? demanda Henri.

— Il a dû, il y a quelques jours, recevoir une lettre de M. de Mouy.

— Ah ! ah ! dit Henri, et il ne m'a parlé de rien !

— Défiez-vous, Monsieur, dit Marguerite, défiez-vous.

— Soyez tranquille, je suis sur mes gardes. Comment faire tenir une réponse à de Mouy ?

— Ne vous inquiétez de rien, Sire. A droite ou à gauche de Votre Majesté, visible ou invisible, demain, pendant la réception des ambassadeurs, il sera là : un mot dans le discours de la reine qui lui fasse comprendre si vous consentez ou non, s'il doit fuir ou vous attendre. Si le duc d'Alençon refuse, il ne demande que quinze jours pour tout réorganiser en votre nom.

— En vérité, dit Henri, de Mouy est un homme précieux. Pouvez-vous intercaller dans votre discours la phrase attendue, Madame ?

— Rien de plus facile, répondit Marguerite.

Alors, dit Henri, je verrai demain M. d'Alençon; que de Mouy soit à son poste et comprenne à demi-mot.

— Il y sera, Sire.

— Eh bien, Monsieur de La Mole, dit Henri, allez lui porter ma réponse. Vous avez sans doute dans les environs un cheval, un serviteur.

— Orthon est là qui m'attend sur le quai.

— Allez le rejoindre, Monsieur le comte. Oh! non point par la fenêtre; c'est bon dans les occasions extrêmes. Vous pourriez être vu, et comme on ne saurait pas que c'est pour moi que vous vous exposez ainsi, vous compromettriez la reine.

— Mais par où, Sire?

— Si vous ne pouvez pas entrer seul au Louvre, vous en pouvez sortir avec moi, qui ai le mot d'ordre. Vous avez votre manteau, j'ai le mien; nous nous envelopperons tous deux, et nous traverserons le guichet sans difficulté. D'ailleurs, je serai aise de donner quelques ordres particuliers à Orthon. Attendez ici, je vais voir s'il n'y a personne dans les corridors.

Henri, de l'air du monde le plus naturel, sortit pour aller explorer le chemin. La Mole resta seul avec la reine.

— Oh! quand vous reverrai-je? dit La Mole.

— Demain soir, si nous fuyons; un de ces soirs, dans la maison de la rue Cloche-Percée, si nous ne fuyons pas.

Monsieur de La Mole, dit Henri en rentrant, vous pouvez venir, il n'y a personne.

La Mole s'inclina respectueusement devant la reine.

— Donnez-lui votre main à baiser, madame, dit Henri, M. de La Mole n'est pas un serviteur ordinaire.

Marguerite obéit.

— A propos, dit Henri, serrez l'échelle de corde avec soin ; c'est un meuble précieux pour des conspirateurs ; et, au moment où l'on s'y attend le moins, on peut avoir besoin de s'en servir. Venez, Monsieur de La Mole, venez.

II

Les ambassadeurs.

Le lendemain toute la population de Paris s'était portée vers le faubourg Saint-Antoine, par lequel il avait été décidé que les ambassadeurs polonais feraient leur entrée. — Une haie de Suisses contenait la foule, et des détachements de cavaliers protégeaient la circulation des seigneurs et des dames de la cour qui se portaient au-devant du cortège.

Bientôt parut, à la hauteur de l'abbaye Saint-Antoine, une troupe de cavaliers vêtus de rouge et de jaune, avec des bonnets et des manteaux fourrés, et tenant à la main des sabres larges et recourbés comme les cimeterres des Turcs.

Les officiers marchaient sur les flancs des lignes.

Derrière cette première troupe en venait une seconde équipée avec un luxe tout à fait oriental. — Elle précédait les ambassadeurs, qui, au nombre de quatre, représentaient magnifiquement le plus mythologique des royaumes chevaleresques du seizième siècle.

L'un de ces ambassadeurs était l'évêque de Cracovie. Il portait un costume demi-pontifical, demi-guerrier, mais éblouissant d'or et de pierreries. Son cheval blanc à longs crins flottants et au pas relevé semblait souffler le feu par ses naseaux ; personne n'aurait pensé que depuis un mois le noble animal faisait quinze lieues chaque jour par des chemins que le mauvais temps avait rendus presque impraticables.

Près de l'évêque marchait le palatin Lasco, puissant seigneur si rapproché de la couronne qu'il avait la richesse d'un roi comme il en avait l'orgueil.

Après les deux ambassadeurs principaux, qu'accompagnaient deux autres palatins de haute naissance, venait une quantité de seigneurs polonais dont les chevaux, harnachés de soie, d'or et de pierreries, excitèrent la bruyante approbation du peuple. En effet, les cavaliers français, malgré la richesse de leurs équipages, étaient complètement éclipsés par ces nouveaux venus, qu'ils appelaient dédaigneusement des barbares.

Jusqu'au dernier moment, Catherine avait espéré que la réception serait remise encore et que la décision du roi céderait à sa faiblesse, qui continuait. Mais lorsque le jour fut venu, lorsqu'elle vit Charles, pâle comme un spectre, revêtir le splendide manteau royal, elle comprit qu'il fallait plier en apparence sous cette volonté de fer, et elle commença de croire que le plus sûr parti pour Henri d'Anjou était l'exil magnifique auquel il était condamné.

Charles, à part les quelques mots qu'il

avait prononcés lorsqu'il avait rouvert les yeux, au moment où sa mère sortait du cabinet, n'avait point parlé à Catherine depuis la scène qui avait amené la crise à laquelle il avait failli succomber. Chacun, dans le Louvre, savait qu'il y avait eu une altercation terrible entre eux sans connaître la cause de cette altercation, et les plus hardis tremblaient devant cette froideur et ce silence, comme tremblent les oiseaux devant le calme menaçant qui précède l'orage.

Cependant tout s'était préparé au Louvre, non pas comme pour une fête, il est vrai, mais comme pour quelque lugubre cérémonie. L'obéissance de chacun avait été morne ou passive. On savait que Catherine avait presque tremblé, et tout le monde tremblait.

La grande salle de réception du palais

avait été préparée, et comme ces sortes de séances étaient ordinairement publiques, les gardes et les sentinelles avaient reçu l'ordre de laisser entrer, avec les ambassadeurs, tout ce que les appartements et les cours pourraient contenir de populaire.

Quant à Paris, son aspect était toujours celui que présente la grande ville en pareille circonstance; c'est-à-dire empressement et curiosité. Seulement quiconque eût bien considéré ce jour-là la population de la capitale, eût reconnu parmi les groupes, composés de ces honnêtes figures de bourgeois naïvement béantes, bon nombre d'hommes enveloppés dans de grands manteaux, se répondant les uns aux autres par des coups-d'œil, des signes de la main quand ils étaient à distance, et échangeant à voix basse quelques mots rapides et significatifs toutes les fois qu'ils se rapprochaient. Ces hommes, au reste, paraissaient fort préoccupés du cortège, le suivaient des premiers, et paraissaient recevoir leurs ordres d'un vénérable vieillard, dont les yeux noirs et vifs faisaient, malgré sa barbe blanche et ses sourcils grisonnants, ressortir la verte activité. En effet, ce vieillard, soit par ses propres moyens, soit qu'il fût aidé par les efforts de ses compagnons, parvint à se glisser des premiers dans le Louvre, et, grâce à la complaisance du chef des Suisses, digne huguenot, fort peu catholique malgré sa conversion, trouva moyen de se placer derrière les ambassadeurs, juste en face de Marguerite et de Henri de Navarre.

Henri, prévenu par La Mole que de Mouy devait, sous un déguisement quelconque, assister à la séance, jetait les yeux de tous côtés. Enfin ses regards rencontrèrent ceux du vieillard et ne le quittèrent plus : un signe de de Mouy avait fixé tous les doutes du roi de Navarre. Car de Mouy était si bien déguisé que Henri lui-même avait douté que ce vieillard à barbe blanche pût être le même que cet intrépide chef des huguenots qui avait fait, cinq ou six jours auparavant, une si rude défense.

Un mot de Henri, prononcé à l'oreille de Marguerite, fixa les regards de la reine sur de Mouy. Puis alors ses beaux yeux s'égarèrent dans les profondeurs de la salle : elle cherchait La Mole, mais inutilement. La Mole n'y était pas.

Les discours commencèrent. Le premier fut au roi. Lasco lui demandait, au nom de la diète, son assentiment à ce que la couronne de Pologne fût offerte à un prince de la maison de France.

Charles répondit par une adhésion courte et précise, présentant le duc d'Anjou, son frère, du courage duquel il fit un grand éloge aux envoyés polonais. Il parlait en français ; un interprète traduisait sa réponse après chaque période. Et pendant que l'interprète parlait à son tour, on pouvait voir le roi approcher de sa bouche un mouchoir qui, à chaque fois, s'en éloignait teint de sang.

Quand la réponse de Charles fut terminée, Lasco se tourna vers le duc d'Anjou, s'inclina et commença un discours latin, dans lequel il lui offrait le trône au nom de la nation polonaise.

Le duc répondit dans la même langue et

d'une voix dont il cherchait en vain à contenir l'émotion, qu'il acceptait avec reconnaissance l'honneur qui lui était décerné. Pendant tout le temps qu'il parla, Charles resta debout, les lèvres serrées, l'œil fixé sur lui, immobile et menaçant comme l'œil d'un aigle.

Quand le duc d'Anjou eut fini, Lasco prit la couronne des Jagellons, posée sur un coussin de velours rouge, et tandis que deux seigneurs polonais revêtaient le duc d'Anjou du manteau royal, il déposa la couronne entre les mains de Charles.

Charles fit un signe à son frère. Le duc d'Anjou vint s'agenouiller devant lui, et, de ses propres mains, Charles lui posa la couronne sur la tête : alors les deux rois échangèrent un des plus haineux baisers que se soient jamais donnés deux frères.

Aussitôt un héraut cria :

« Alexandre-Édouard-Henri de France, duc d'Anjou, vient d'être couronné roi de Pologne. Vive le roi de Pologne ! »

— Toute l'assemblée répéta d'un seul cri : Vive le roi de Pologne !

Alors Lasco se tourna vers Marguerite. Le discours de la belle reine avait été gardé pour le dernier. Or, comme c'était une galanterie qui lui avait été accordée pour faire briller son beau génie, comme on disait alors, chacun porta une grande attention à la réponse, qui devait être en latin. Nous avons vu que Marguerite l'avait composée elle-même.

Le discours de Lasco fut plutôt un éloge qu'un discours. Il avait cédé, tout Sarmate qu'il était, à l'admiration qu'inspirait à tous la belle reine de Navarre ; et empruntant la langue à Ovide, mais le style à Ronsard, il dit que, partis de Varsovie au milieu de la plus profonde nuit, il n'aurait su, lui et ses compagnons, comment retrouver leur chemin, si, comme les rois mages, ils n'avaient eu deux étoiles pour les guider. Étoiles qui devenaient de plus en plus brillantes à mesure qu'ils approchaient de la France, et qu'ils reconnaissaient maintenant n'être autre chose que les deux beaux yeux de la reine de Navarre. Enfin, passant de l'Evangile au Coran, de la Syrie à l'Arabie-Pétrée, de Nazareth à la Mecque, il termina en disant qu'il était tout prêt à faire ce que faisaient les sectateurs ardents du Prophète, qui, une fois qu'ils avaient eu le bonheur de contempler son tombeau, se crevaient les yeux ; jugeant qu'après avoir joui d'une si belle vue, rien dans ce monde ne valait plus la peine d'être admiré.

Ce discours fut couvert d'applaudissements de la part de ceux qui parlaient latin, parce qu'ils partageaient l'opinion de l'orateur; de la part de ceux qui ne l'entendaient point, parce qu'ils voulaient avoir l'air de l'entendre.

Marguerite fit d'abord une gracieuse révérence au galant Sarmate, puis, tout en répondant à l'ambassadeur, fixant les yeux sur de Mouy, elle commença en ces termes :

« *Quod nunc hac in aula insperati adestis exultaremus ego et conjux, nisi ideo immineret calamitas, scilicet non solum fratris sed etiam amici orbitas* *. »

Ces paroles avaient deux sens, et, tout en s'adressant à de Mouy, pouvaient s'adresser à Henri d'Anjou. Aussi ce dernier salua-t-il en signe de reconnaissance.

Charles ne se rappela point avoir lu cette phrase dans le discours qui lui avait été communiqué quelques jours auparavant ; mais il n'attachait point grande importance aux paroles de Marguerite, qu'il savait être un discours de simple courtoisie. D'ailleurs, il comprenait fort mal le latin.

Marguerite continua :

« *Adeo dolemur a te dividi ut tecum profi-*

---

* Votre présence inespérée dans cette cour nous comblerait de joie, moi et mon mari, si elle n'amenait un grand malheur, c'est-à-dire non-seulement la perte d'un frère, mais encore celle d'un ami.

cisci maluissemus. Sed idem fatum quo nunc sine ulla mora Luttecia cedere juberis, hac in urbe detinet. Proficere ergo, frater; proficiscere, amice; proficiscere sine nobis; proficiscentem sequntur spes et desideria nostra. * »

On devine aisément que de Mouy écoutait avec une attention profonde ces paroles, qui, adressées aux ambassadeurs, étaient prononcées pour lui seul. Henri avait bien déjà deux ou trois fois tourné la tête négativement sur les épaules, pour faire comprendre au jeune huguenot que d'Alençon avait refusé; mais ce geste, qui pouvait être un effet du hasard, eût paru insuffisant à de Mouy, si les paroles de Marguerite ne fus-

---

* Nous sommes desespérés d'être séparés de vous, quand nous eussions préféré partir avec vous. Mais le même destin qui veut que vous quittiez sans retard Paris, nous enchaîne, nous, dans cette ville. Partez donc, cher frère; partez donc, cher ami; partez sans nous. Notre esperance et nos desirs vous suivront.

sent venues le confirmer. Or, tandis qu'il regardait Marguerite et l'écoutait de toute son âme, ses deux yeux noirs, si brillants sous leurs sourcils gris, frappèrent Catherine, qui tressaillit comme à une commotion électrique, et qui ne détourna plus son regard de ce côté de la salle.

— Voilà une figure étrange, murmura-t-elle tout en continuant de composer son visage selon les lois du cérémonial. Qui donc est cet homme qui regarde si attentivement Marguerite, et que, de leur côté, Marguerite et Henri regardent si attentivement ?

Cependant la reine de Navarre continuait son discours, qui, à partir de ce moment, répondait aux politesses de l'envoyé polonais, tandis que Catherine se creusait la tête, cherchant quel pouvait être le nom de ce beau vieillard, lorsque le maître des cérémonies, s'approchant d'elle par derrière, lui remit un sachet de satin parfumé contenant un papier plié en quatre. Elle ouvrit le sachet, tira le papier et lut ces mots :

« Maurevel à l'aide d'un cordial que je viens de lui donner, a enfin repris quelque force et est parvenu à écrire le nom de l'homme qui se trouvait dans la chambre du roi de Navarre. Cet homme, c'est M. de Mouy. »

— De Mouy... pensa la reine, eh bien! j'en avais le pressentiment. Mais ce vieillard... Eh! *cospetto!*... ce vieillard, c'est...

Catherine demeura l'œil fixe, la bouche béante.

Puis, se penchant à l'oreille du capitaine des gardes qui se tenait à son côté :

— Regardez, Monsieur de Nancey, lui dit-elle, mais sans affectation; regardez le seigneur Lasco, celui qui parle en ce moment. Derrière lui — c'est cela — voyez-vous un vieillard à barbe blanche, en habit de velours noir?

— Oui, Madame, répondit le capitaine.

— Bon, ne le perdez pas de vue.

— Celui auquel le roi de Navarre fait un signe?

— Justement. Placez-vous à la porte du Louvre avec dix hommes, et, quand il sortira, invitez-le de la part du roi à dîner. S'il vous suit, conduisez-le dans une chambre où vous le retiendrez prisonnier. S'il vous résiste, emparez-vous-en mort ou vif. Allez, allez.

Heureusement Henri, fort peu occupé du discours de Marguerite, avait l'œil arrêté sur Catherine et n'avait point perdu une seule expression de son visage. En voyant les yeux de la reine-mère fixés avec un si grand acharnement sur de Mouy, il s'inquiéta ; — en lui voyant donner un ordre au capitaine des gardes il comprit tout.

Ce fut en ce moment qu'il fit le geste qu'avait surpris M. de Nancey, et qui, dans la langue des signes, voulait dire : — Vous êtes découvert, sauvez-vous à l'instant même.

De Mouy comprit ce geste, qui couronnait si bien la portion du discours de Marguerite qui lui était adressée. Il ne se le fit pas dire à deux fois, il se perdit dans la foule et disparut.

Mais Henri ne fut tranquille que lorsqu'il

eut vu M. de Nancey revenir à Catherine, et qu'il eut compris à la contraction du visage de la reine-mère que celui-ci lui annonçait qu'il était arrivé trop tard. L'audience était finie. Marguerite échangeait encore quelques paroles non officielles avec Lasco. Le roi se leva chancelant, salua, et sortit appuyé sur l'épaule d'Ambroise Paré, qui ne le quittait pas depuis l'accident qui lui était arrivé.

Catherine, pâle de colère, et Henri, muet de douleur, le suivirent.

Quant au duc d'Alençon, il s'était complètement effacé pendant la cérémonie. Et pas une fois le regard de Charles, qui ne s'était pas écarté un instant du duc d'Anjou, ne s'était fixé sur lui.

Le nouveau roi de Pologne se sentait

perdu. Loin de sa mère, enlevé par ces barbares du Nord, il était semblable à Antée, ce fils de la Terre, qui perdait ses forces soulevé dans les bras d'Hercule. Une fois hors de la frontière, le duc d'Anjou se regardait comme à tout jamais exclu du trône de France

Aussi, au lieu de suivre le roi, ce fut chez sa mère qu'il se retira.

Il la trouva non moins sombre et non moins préoccupée que lui-même, car elle songeait à cette tête fine et moqueuse qu'elle n'avait point perdu de vue pendant la cérémonie, à ce Béarnais, auquel la destinée semblait faire place en balayant autour de lui les rois, princes, assassins, ses ennemis et ses obstacles.

En voyant son fils bien-aimé pâle sous sa couronne, brisé sous son manteau royal, joignant sans rien dire, en signe de supplication, ses belles mains, qu'il tenait d'elle, Catherine se leva et alla à lui.

— Oh! ma mère, s'écria le roi de Pologne, me voilà condamné à mourir dans l'exil.

— Mon fils, lui dit Catherine, oubliez-vous si vite la prédiction de René! Soyez tranquille, vous n'y demeurerez pas longtemps.

— Ma mère, je vous en conjure, dit le duc d'Anjou, au premier bruit, au premier soupçon que la couronne de France peut être vacante, prévenez-moi...

— Soyez tranquille, mon fils, dit Catherine, jusqu'au jour que nous attendons tous deux il y aura incessamment dans mon écurie un cheval sellé, et dans mon antichambre un courrier prêt à partir pour la Pologne.

III

Oreste et Pylade.

Henri d'Anjou parti, on eût dit que la paix et le bonheur étaient revenus s'asseoir dans le Louvre au foyer de cette famille d'Atrides.

Charles, oubliant sa mélancolie, reprenait sa vigoureuse santé, chassant avec Henri et parlant de chasse avec lui les jours où il ne pouvait chasser ; ne lui reprochant qu'une chose, son apathie pour la chasse au vol, et disant qu'il serait un prince parfait s'il savait dresser les faucons, les gerfauts et les tiercelets comme il savait dresser braques et courants.

Catherine était redevenue bonne mère : douce à Charles et à d'Alençon, caressante à Henri et à Marguerite, gracieuse à madame de Nevers et à madame de Sauve, et, sous prétexte que c'était en accomplissant un ordre d'elle qu'il avait été blessé, elle avait poussé la bonté d'âme jusqu'à aller voir deux fois Maurevel convalescent dans sa maison de la rue de la Cerisaie.

Marguerite continuait ses amours à l'espagnole.

Tous les soirs elle ouvrait sa fenêtre et

correspondait avec La Mole par gestes et par écrit; et dans chacune de ses lettres le jeune homme rappelait à sa belle reine qu'elle lui avait promis quelques doux instants en récompense de son exil, rue Cloche-Percée.

Une seule personne au monde était seule et dépareillée dans le Louvre redevenu si calme et si paisible.

Cette personne, c'était notre ami le comte Annibal de Coconnas.

Certes, c'était quelque chose que de savoir La Mole vivant; c'était beaucoup que d'être toujours le préféré de madame de Nevers, la plus rieuse et la plus fantasque de toutes les femmes. Mais tout le bonheur de ce tête-à-tête que la belle duchesse lui accordait, tout le repos d'esprit donné par Marguerite à Coconnas sur le sort de leur ami commun ne valaient point aux yeux du Piémontais une heure passée avec La Mole chez l'ami La Hurière, devant un pot de vin doux, ou bien une de ces courses dévergondées faites dans tous ces endroits de Paris où un honnête gentilhomme pouvait attraper des accrocs à sa peau, à sa bourse ou à son habit.

Madame de Nevers, il faut l'avouer à la honte de l'humanité, supportait impatiemment cette rivalité de La Mole. Ce n'est point qu'elle détestât le Provençal, au contraire. Entraînée par cet instinct irrésistible qui porte toute femme à être coquette malgré elle avec l'amant d'une autre femme, surtout quand cette femme est son amie, elle n'avait point épargné à La Mole les éclairs de ses yeux d'émeraude, et Coconnas eût pu

envier les franches poignées de main et
les frais d'amabilité faits par la duchesse en
faveur de son ami pendant ces jours de caprice, où l'astre du Piémontais semblait pâlir
dans le ciel de sa belle maîtresse ; mais Coconnas, qui eût égorgé quinze personnes
pour un seul clin-d'œil de sa dame, était
si peu jaloux de La Mole, qu'il lui avait souvent fait à l'oreille, à la suite de ces inconséquences de la duchesse, certaines offres qui
avaient fait rougir le Provençal.

Il résulte de cet état de choses qu'Henriette, que l'absence de La Mole privait de
tous les avantages que lui procurait la compagnie de Coconnas, c'est-à-dire de son intarissable gaîté et de ses insatiables caprices
de plaisir, vint un jour trouver Marguerite
pour la supplier de lui rendre ce tiers obligé,

sans lequel l'esprit et le cœur de Coconnas allaient s'évaporant de jour en jour.

Marguerite, toujours compatissante et d'ailleurs pressée par les prières de La Mole et les désirs de son propre cœur, donna rendez-vous pour le lendemain à Henriette dans la maison aux deux portes, afin d'y traiter à fond ces matières dans une conversation que personne ne pourrait interrompre.

Coconnas reçut d'assez mauvaise grâce le billet d'Henriette qui le convoquait rue Tizon pour neuf heures et demie. Il ne s'en achemina pas moins vers le lieu du rendez-vous, où il trouva Henriette déjà courroucée d'être arrivée la première.

—Fi! monsieur, dit-elle, que c'est mal appris de faire attendre ainsi — je ne dirai pas une princesse, mais une femme!

—Oh! attendre, dit Coconnas, voilà bien un mot à vous, par exemple! Je parie au contraire que nous sommes en avance.

—Moi, oui.

—Bah! moi aussi; il est tout au plus dix heures, je parie.

—Eh bien! mon billet portait neuf heures et demie.

— Aussi étais-je parti du Louvre à neuf heures, car je suis de service près de M. le duc d'Alençon, soit dit en passant, ce qui fait que je serai obligé de vous quitter dans une heure.

—Ce qui vous enchante?

—Non, ma foi! attendu que M. d'Alençon est un maître fort maussade et fort quinteux;

et que pour être querellé, j'aime encore mieux l'être par de jolies lèvres comme les vôtres que par une bouche de travers comme la sienne.

—Allons! dit la duchesse, voilà qui est un peu mieux cependant... Vous disiez donc que vous étiez sorti à neuf heures du Louvre?

—Oh! mon Dieu, oui, dans l'intention de venir droit ici, quand, au coin de la rue de Grenelle, j'aperçois un homme qui ressemble à La Mole.

—Bon! encore La Mole.

—Toujours, avec ou sans votre permission.

—Brutal.

— Bon! dit Coconnas, nous allons recommencer nos galanteries.

—' on, mais finissez-en avec vos récits.

—Ce n'est pas moi qui demande à les faire, c'est vous qui me demandez pourquoi je suis en retard.

— Sans doute, est-ce à moi d'arriver la première ?

—Eh ! vous n'avez personne à chercher, vous.

— Vous êtes assommant, mon cher, mais continuez. Enfin, au coin de la rue de Grenelle, vous apercevez un homme qui ressemble à La Mole... Mais qu'avez-vous donc à votre pourpoint, du sang !

—Bon ! en voilà encore un qui m'aura éclaboussé en tombant.

—Vous vous êtes battu ?

— Je le crois bien.

—Pour votre La Mole?

—Pour qui voulez-vous que je me batte, pour une femme?

—Merci.

—Je le suis donc, cet homme qui avait l'impudence d'emprunter des airs de mon ami. Je le rejoins à la rue Coquillière, je le devance, je le regarde sous le nez à la lueur d'une boutique. Ce n'était pas lui.

— Bon! c'était bien fait.

— Oui, mais mal lui en a pris. Monsieur, lui ai-je dit, vous êtes un fat de vous permettre de ressembler de loin à mon ami M. de La Mole, lequel est un cavalier accompli; tandis que de près on voit bien que vous n'êtes qu'un truand.— Sur ce, il a mis l'épée à la main et moi aussi. A la troisième passe, voyez le mal appris! il est tombé en m'éclaboussant.

— Et lui avez-vous porté secours au moins?

— J'allais le faire quand est passé un cavalier. Ah! cette fois, duchesse, je suis sûr que c'était La Mole. Malheureusement le cheval courait au galop. Je me suis mis à courir après le cheval, et les gens qui s'étaient rassemblés pour me voir battre, à courir derrière moi. Or, comme on eût pu me prendre pour un voleur, suivi que j'étais de toute cette canaille qui hurlait après mes chausses, j'ai été obligé de me retourner pour la mettre en fuite, ce qui m'a fait perdre un certain temps. Pendant ce temps le cavalier avait disparu. Je me suis mis à sa poursuite, je me suis informé, j'ai demandé, donné la couleur du cheval; mais, baste! inutile, personne ne l'avait remarqué. Enfin, de guerre lasse, je suis venu ici.

— De guerre lasse, dit la duchesse : comme c'est obligeant !

— Écoutez, chère amie, dit Coconnas en se renversant nonchalamment dans un fauteuil, vous m'allez encore persécuter à l'endroit de ce pauvre La Mole ; eh bien ! vous aurez tort : car enfin, l'amitié, voyez-vous... Je voudrais avoir son esprit ou sa science, à ce pauvre ami ; je trouverais quelque comparaison qui vous ferait palper ma pensée. L'amitié, voyez-vous, c'est une étoile, tandis que l'amour... l'amour — eh bien ! je la tiens, la comparaison — l'amour n'est qu'une bougie. Vous me direz qu'il y en a de plusieurs espèces...

— D'amours ?

— Non! de bougies, et que dans ces espèces il y en a de préférables : la rose, par exemple — va pour la rose — c'est la meilleure; mais, toute rose qu'elle est, la bougie s'use, tandis que l'étoile brille toujours. A cela vous me répondrez que quand la bougie est usée on en met une autre dans le flambeau.

— Monsieur de Coconnas, vous êtes un fat.

— Là !

— Monsieur de Coconnas, vous êtes un impertinent.

— Là ! là !

— Monsieur de Coconnas, vous êtes un drôle.

— Madame, je vous préviens que vous

allez me faire regretter trois fois plus La Mole.

— Vous ne m'aimez plus.

— Au contraire, duchesse — vous ne vous y connaissez pas — je vous idolâtre. Mais je puis vous aimer, vous chérir, vous idolâtrer et, dans mes moments perdus faire l'éloge de mon ami.

— Vous appelez vos moments perdus ceux où vous êtes près de moi, alors ?

— Que voulez-vous ! ce pauvre La Mole, il est sans cesse présent à ma pensée.

— Vous me le préférez, c'est indigne ! Tenez, Annibal ! je vous déteste. Osez être franc, dites-moi que vous me le préférez. Annibal, je vous préviens que si vous me préférez quelque chose au monde...

— Henriette, la plus belle des duchesses ! pour votre propre tranquillité croyez-moi, ne me faites point de questions indiscrètes. Je vous aime plus que toutes les femmes, mais j'aime La Mole plus que tous les hommes.

— Bien répondu, dit soudain une voix étrangère.

Et une tapisserie de damas soulevée devant un grand panneau, qui, en glissant dans l'épaisseur de la muraille, ouvrait une communication entre les deux appartements, laissa voir La Mole pris dans le cadre de cette porte, comme un beau portrait du Titien dans sa bordure dorée.

— La Mole ! cria Coconnas sans faire attention à Marguerite et sans se donner le temps de la remercier de la surprise qu'elle lui avait ménagée; La Mole, mon ami ! mon cher La Mole !

Et il s'élança dans les bras de son ami, renversant le fauteuil sur lequel il était assis et la table qui se trouvait sur son chemin.

La Mole lui rendit avec effusion ses accolades ; mais tout en les lui rendant :

— Pardonnez-moi, Madame, dit-il en s'adressant à la duchesse de Nevers, si mon nom prononcé entre vous a pu quelquefois troubler votre charmant ménage ; certes, ajouta-t-il en jetant un regard d'indicible tendresse à Marguerite, il n'a pas tenu à moi que je vous revisse plus tôt.

— Tu vois, dit à son tour, Marguerite, tu vois, Henriette, que j'ai tenu parole : le voici.

— Est-ce donc aux seules prières de Madame la duchesse que je dois ce bonheur? demanda La Mole.

— A ses seules prières, répondit Marguerite.

Puis se tournant vers La Mole :

—La Mole, continua-t-elle, je vous permets de ne pas croire un mot de ce que je dis.

Pendant ce temps Coconnas, qui avait dix fois serré son ami contre son cœur, qui avait tourné vingt fois autour de lui, qui avait approché un candélabre de son visage pour le regarder tout à son aise, alla s'agenouiller devant Marguerite et baisa le bas de sa robe.

— Ah! c'est heureux, dit la duchesse de

Nevers; vous allez me trouver supportable, à présent.

— Mordi! s'écria Coconnas, je vais vous trouver comme toujours, adorable, seulement je vous le dirai de meilleur cœur; et puissé-je avoir là une trentaine de Polonais, de Sarmates, et autres barbares hyperboréens, pour leur faire confesser que vous êtes la reine des belles.

— Eh! doucement, doucement, Coconnas, dit La Mole, et madame Marguerite donc...

— Oh! je ne m'en dédis pas, s'écria Coconnas avec cet accent, demi-sérieux, demi-bouffon, qui n'appartenait qu'à lui, madame Henriette est la reine des belles, et madame Marguerite est la belle des reines.

Mais, quoi qu'il pût dire ou faire, le Piémontais, tout entier au bonheur d'avoir retrouvé son cher La Mole, n'avait des yeux que pour lui.

— Allons, allons, ma belle reine, dit madame de Nevers, venez, et laissons ces parfaits amis causer une heure ensemble; ils ont mille choses à se dire qui viendraient se mettre en travers de notre conversation. C'est dur pour nous, mais c'est le seul remède qui puisse, je vous en préviens, rendre l'entière santé à M. Annibal. Faites donc cela pour moi, ma reine! puisque j'ai la sottise d'aimer cette vilaine tête-là, comme dit son ami La Mole.

Marguerite glissa quelques mots à l'oreille de La Mole, qui, si, désireux qu'il fût de revoir son ami, aurait bien voulu que la tendresse de Coconnas fût moins exigeante.

Pendant ce temps, Coconnas essayait, à force de protestations, de ramener un franc sourire et une douce parole sur les lèvres d'Henriette ; résultat auquel il arriva facilement.

Alors les deux femmes passèrent dans la chambre à côté, où les attendait le souper.

Les deux amis demeurèrent seuls.

Les premiers détails — on le comprend bien — que demanda Coconnas à son ami, furent ceux de la fatale soirée qui avait failli lui coûter la vie. À mesure que La Mole avançait dans sa narration, le Piémontais, qui, sur ce point, cependant, on le sait, n'était pas facile à émouvoir, frissonnait de tous ses membres.

— Et pourquoi, lui demanda-t-il, au lieu

de courir les champs comme tu l'as fait, et de me donner les inquiétudes que tu m'as données, ne t'es-tu point réfugié près de notre maître! Le duc, qui t'avait défendu, t'aurait caché. J'eusse vécu près de toi, et ma tristesse, quoique feinte, n'en eût pas moins abusé les niais de la cour.

— Notre maître, dit la Mole à voix basse, le duc d'Alençon?

— Oui. D'après ce qu'il m'a dit, j'ai dû croire que c'est à lui que tu dois la vie.

— Je dois la vie au roi de Navarre, répondit La Mole.

— Oh! oh! fit Coconnas, en es-tu sûr?

— A n'en point douter.

— O le bon, l'excellent roi! Mais le duc

d'Alençon, que faisait-il, lui, dans tout cela?

— Il tenait la corde pour m'étrangler.

— Mordi! s'écria Coconnas, es-tu sûr de ce que tu dis, La Mole? Comment! ce prince pâle, ce roquet, ce pituiteux, étrangler mon ami! ah! mordi, dès demain, je veux lui dire ce que je pense de cette action.

— Es-tu fou?

— C'est vrai, il recommencerait.... Mais n'importe, cela ne se passera point ainsi.

— Allons, allons, Coconnas, calme-toi, et tâche de ne pas oublier qu'onze heures et demie viennent de sonner et que tu es de service ce soir.

— Je m'en soucie bien de son service! Ah!

bon, qu'il compte là-dessus! Mon service!
Moi, servir un homme qui a tenu la corde!...
Tu plaisantes!... Non!... C'est providentiel.
Il est dit que je devais te retrouver pour ne
plus te quitter. Je reste ici.

— Mais malheureux, réfléchis donc, tu
n'es pas ivre.

—Heureusement; car si je l'étais, je mettrais le feu au Louvre.

— Voyons, Annibal, reprit La Mole, sois
raisonnable. Retourne là-bas. Le service est
chose sacrée.

— Retournes-tu avec moi?

— Impossible.

— Penserait-on encore à te tuer?

— Je ne crois pas. Je suis trop peu important pour qu'il y ait contre moi un complot arrêté, une résolution suivie. Dans un moment de caprice, on a voulu me tuer, et c'est tout : les princes étaient en gaîté ce soir-là.

— Que fais-tu alors?

— Moi, rien : j'erre, je me promène.

— Eh bien! je me promènerai comme toi, j'errerai avec toi C'est un charmant état. Puis, si l'on t'attaque, nous serons deux, et nous leur donnerons du fil à retordre. Ah! qu'il y vienne, ton insecte de duc! je le cloue comme un papillon à la muraille!

— Mais demande-lui un congé, au moins!

— Oui, définitif.

— Préviens-le que tu le quittes, en ce cas.

— Rien de plus juste. J'y consens. Je vais lui écrire.

— Lui écrire, c'est bien leste, Coconnas, à un prince du sang !

— Oui, du sang ! du sang de mon ami. Prends garde, s'écria Coconnas en roulant ses gros yeux tragiques, prends garde que je m'amuse aux choses de l'étiquette.

— Au fait, se dit La Mole, dans quelques jours il n'aura plus besoin du prince, ni de personne ; car s'il veut venir avec nous, nous l'emmènerons.

Coconnas prit donc la plume sans plus longue opposition de son ami ; et, tout couramment, composa le morceau d'éloquence que l'on va lire.

« Monseigneur,

« Il n'est pas que Votre Altesse, versée dans les auteurs de l'antiquité comme elle l'est, ne connaisse l'histoire touchante d'Oreste et de Pylade, qui étaient deux héros fameux par leurs malheurs et leur amitié. Mon ami La Mole n'est pas moins malheureux qu'Oreste, et moi je ne suis pas moins tendre que Pylade. Il a, dans ce moment-ci, de grandes occupations qui réclament mon aide. Il est donc impossible que je me sépare de lui. Ce qui fait que, sauf l'approbation de Votre Altesse, je prends un petit congé, déterminé que je suis de m'attacher à sa fortune, quelque part qu'elle me conduise : c'est dire à Votre Altesse combien est grande la violence qui m'arrache de son service, en raison de quoi je ne désespère pas d'obtenir mon pardon, et j'ose continuer de me dire avec respect,

« De Votre Altesse royale,

« Monseigneur,

« Le très humble et très obéissant

« Annibal, comte de Coconnas,

« ami inséparable de M. de La Mole. »

Ce chef-d'œuvre terminé, Coconnas le lut à haute voix à La Mole, qui haussa les épaules.

— Eh bien, qu'en dis-tu? demanda Coconnas, qui n'avait pas vu le mouvement, ou qui avait fait semblant de ne pas le voir.

— Je dis, répondit La Mole, que M. d'Alençon va se moquer de nous.

— De nous ?

— Conjointement.

— Cela vaut encore mieux, ce me semble, que de nous étrangler séparément.

— Bah! dit La Mole en riant, l'un n'empêchera peut-être point l'autre.

— Eh bien! tant pis, arrive qu'arrive; j'envoie la lettre demain matin. Où allons-nous coucher en sortant d'ici ?

— Chez maître La Hurière. Tu sais, dans cette petite chambre où tu voulais me daguer quand nous n'étions pas encore Oreste et Pylade!

— Bien, je ferai porter ma lettre au Louvre par notre hôte.

En ce moment le panneau s'ouvrit.

— Eh bien! demandèrent ensemble les deux princesses, où en sont Pylade et Oreste?

— Mordi! Madame, répondit Coconnas, Pylade et Oreste meurent de faim et d'amour.

Ce fut effectivement maître La Hurière qui le lendemain, à neuf heures du matin, porta au Louvre la respectueuse missive de maître Annibal de Coconnas.

IV

Orthon.

Henri, même après le refus du duc d'Alençon, qui remettait tout en question, jusqu'à son existence, était devenu, s'il était possible, encore plus grand ami du prince qu'il ne l'était auparavant.

Catherine conclut de cette intimité que les deux princes, non-seulement s'entendaient, mais encore conspiraient ensemble. Elle interrogea là-dessus Marguerite, mais Marguerite était sa digne fille ; et la reine de Navarre, dont le principal talent était d'éviter une explication scabreuse, se garda si bien des questions de sa mère, qu'après avoir répondu à toutes, elle la laissa plus embarrassée qu'auparavant.

La Florentine n'eut donc plus pour la conduire que cet instinct intrigant qu'elle avait apporté de la Toscane, le plus intrigant des petits états de cette époque, et ce sentiment de haine qu'elle avait puisé à la cour de France, qui était la cour la plus divisée d'intérêts et d'opinions de ce temps.

Elle comprit d'abord qu'une partie de la force du Béarnais lui venait de son alliance avec le duc d'Alençon, et elle résolut de l'isoler.

Du jour où elle eut pris cette résolution, elle entoura son fils avec la patience et le talent du pêcheur, qui, lorsqu'il a laissé tomber les plombs loin du poisson, les traîne insensiblement jusqu'à ce que de tous côtés ils aient enveloppé sa proie.

Le duc François s'aperçut de ce redoublement de caresses, et de son côté fit un pas vers sa mère. Quant à Henri, il feignit de ne rien voir et surveilla son allié de plus près qu'il n'avait fait encore.

Chacun attendait un évènement.

Or, tandis que chacun était dans l'attente de cet évènement, certain pour les uns, probable pour les autres, un matin que le soleil s'était levé rose et distillant cette tiède chaleur et ce doux parfum qui annoncent un beau jour, un homme pâle, appuyé sur un bâton et marchant péniblement, sortit d'une petite maison sise derrière l'Arsenal et s'achemina par la rue du Petit-Musc.

Vers la porte Saint-Antoine, et après avoir longé cette promenade qui tournait comme une prairie marécageuse autour des fossés de la Bastille, il laissa le grand boulevard à sa gauche et entra dans le jardin de l'Arbalète, dont le concierge le reçut avec de grandes salutations.

Il n'y avait personne dans ce jardin, qui, comme l'indique son nom, appartenait à une société particulière : celle des arbalétriers. Mais, y eût-il des promeneurs, l'homme pâle eût été digne de tout leur intérêt, car sa longue moustache, son pas qui conservait une allure militaire, bien qu'il fût ralenti par la souffrance ; indiquaient assez que c'était quelque officier blessé dans une occasion récente qui essayait ses forces par un exercice modéré et reprenait la vie au soleil.

Cependant, chose étrange ! lorsque le manteau dont, malgré la chaleur naissante, cet homme en apparence inoffensif était enveloppé s'ouvrait, il laissait voir deux longs pistolets pendants aux agraffes d'argent de sa ceinture, laquelle serrait en outre un large poignard et soutenait une longue épée qu'il semblait ne pouvoir tirer, tant elle était colossale, et qui, complétant cet arsenal vivant, battait de son fourreau deux jambes amaigries et tremblantes. En outre, et pour surcroit de précautions, le promeneur, tout solitaire qu'il était, lançait à chaque pas un regard scrutateur, comme pour interroger chaque détour d'allée, chaque buisson chaque fossé.

Ce fut ainsi que cet homme pénétra dans le jardin, gagna paisiblement une espèce de petite tonnelle donnant sur les boulevards, dont il n'était séparé que par une haie épaisse et un petit fossé qui formait sa double clôture. Là, il s'étendit sur un banc de gazon à portée d'une table où le gardien de l'établissement qui joignait à son titre de concierge l'industrie de gargottier, vint au bout d'un instant lui apporter une espèce de cordial.

Le malade était là depuis dix minutes et avait à plusieurs reprises porté à sa bouche la tasse de faïence dont il dégustait le contenu à petites gorgées, lorsque tout à coup son visage prit, malgré l'intéressante pâleur qui le couvrait une expression effrayante. Il venait d'apercevoir, venant de la Croix-Faubin, par un sentier qui est aujourd'hui la rue de Naples, un cavalier enveloppé d'un grand manteau, lequel s'arrêta proche du bastion et attendit.

Il y était depuis cinq minutes, et l'homme au visage pâle, que le lecteur a peut-être déjà reconnu pour Maurevel, avait à peine eu le temps de se remettre de l'émotion que lui avait causée sa présence, lorsqu'un jeune homme au justaucorps serré comme celui d'un page arriva par le chemin qui fut depuis la rue des Fossés Saint-Nicolas et rejoignit le cavalier.

Perdu dans sa tonnelle de feuillage, Maurevel pouvait tout voir et même tout entendre sans peine, et quand on saura que le cavalier était de Mouy et le jeune homme au justaucorps serré Orthon, on jugera si les oreilles et les yeux étaient occupés.

L'un et l'autre regardèrent autour d'eux avec la plus minutieuse attention, Maurevel retenait son souffle.

— Vous pouvez parlez, Monsieur, — dit le premier Orthon, qui, étant le plus jeune, était le plus confiant — personne ne nous voit ni ne nous écoute.

— C'est bien dit de Mouy, tu vas aller chez Madame de Sauve, tu remettras ce billet à elle-même, si tu la trouves chez elle : si elle n'y est pas, tu le déposeras derrière le miroir où le roi avait l'habitude de mettre les siens ; puis tu attendras dans le Louvre. Si l'on te donne une réponse, tu l'apporteras où tu sais : si tu n'en as pas, tu viendras me chercher ce soir avec un poitrinal à l'endroit que je t'ai désigné et d'où je sors.

— Bien, dit Orthon; je sais.

— Moi, je te quitte; j'ai fort affaire pendant toute la journée. Ne te hâte pas, toi, ce serait inutile; tu n'as pas besoin d'arriver au Louvre avant qu'*il* y soit, et je crois qu'*il* prend une leçon de chasse au vol ce matin. Va, et montre-toi hardiment. Tu es rétabli, tu viens remercier madame de Sauve des bontés qu'elle a eues pour toi pendant ta convalescence. Va, enfant, va.

Maurevel, écoutait les yeux, les cheveux hérissés, la sueur sur le front. Son premier mouvement avait été de détacher un pistolet de son agrafe et d'ajuster de Mouy, mais un mouvement qui avait entr'ouvert son manteau lui avait montré sous ce manteau une cuirasse bien ferme et bien solide. Il était donc probable que la balle s'applatirait sur cette cuirasse, ou qu'elle frapperait dans quelque endroit du corps où la blessure qu'elle ferait ne serait pas mortelle. D'ailleurs, il pensa que de Mouy, vigoureux et bien armé, aurait bon marché de lui, blessé comme il l'était, et, avec un soupir, il retira à lui son pistolet, déjà étendu vers le huguenot.

— Quel malheur, murmura-t-il, de ne pouvoir l'abattre ici, sans autre témoin que ce brigandeau à qui mon second coup irait si bien !

Mais en ce moment Maurevel réfléchit que ce billet donné à Orthon, et qu'Orthon devait remettre à madame de Sauve, était peut-être plus important que la vie même du chef huguenot.

— Ah! dit-il, tu m'échappes encore ce matin; soit. Éloigne-toi sain et sauf, mais j'aurai mon tour demain ; dussé-je te suivre jusque dans l'enfer, dont tu es sorti pour me perdre si je ne te perds.

En ce moment de Mouy croisa son manteau sur son visage et s'éloigna rapidement dans la direction des marais du Temple. Orthon reprit les fossés qui le conduisaient au bord de la rivière.

Alors Maurevel, se soulevant avec plus de vigueur et d'agilité qu'il n'osait l'espérer, regagna la rue de la Cerisaie, rentra chez lui, fit seller un cheval, et, tout faible qu'il était, au risque de rouvrir ses blessures, prit au galop la rue Saint-Antoine, gagna les quais et s'enfonça dans le Louvre.

Cinq minutes après qu'il eut disparu sous

le guichet, Catherine savait tout ce qui venait de se passer, et Maurevel recevait les mille écus d'or qui lui avaient été promis pour l'arrestation du roi de Navarre.

—Oh! dit alors Catherine, ou je me trompe bien, ou ce de Mouy sera la tache noire que René a trouvée dans l'horoscope de ce Béarnais maudit.

Un quart d'heure après Maurevel, Orthon entrait au Louvre, se faisait voir comme le lui avait recommandé de Mouy, et gagnait l'appartement de madame de Sauve après avoir parlé à plusieurs commensaux du palais.

Dariole seule était chez sa maîtresse, Catherine venait de faire demander cette dernière pour transcrire certaines lettres importantes, et depuis cinq minutes elle était chez la reine.

— C'est bien, dit Orthon, j'attendrai.

Et, profitant de sa familiarité dans la maison, le jeune homme passa dans la chambre à coucher de la baronne, et après s'être bien assuré qu'il était seul il déposa le billet derrière le miroir.

Au moment même où il éloignait sa main de la glace, Catherine entra.

Orthon pâlit, car il semblait que le regard rapide et perçant de la reine-mère s'était tout d'abord porté sur le miroir.

— Que fais-tu là, petit, demanda Catherine, ne cherches-tu point madame de Sauve?

— Oui, Madame; il y avait longtemps que je ne l'avais vue, et en tardant encore à la venir remercier je craignais de passer pour un ingrat.

— Tu l'aimes donc bien, cette chère Charlotte?

— De toute mon âme, Madame.

— Et tu es fidèle, à ce qu'on dit?

— Votre Majesté comprendra que c'est une chose bien naturelle quand elle saura que madame de Sauve a eu de moi des soins que je ne méritais pas, n'étant qu'un simple serviteur.

— Et dans quelle occasion a-t-elle eu de toi ces soins? demanda Catherine feignant d'ignorer l'évènement arrivé au jeune garçon.

— Madame, lorsque je fus blessé.

— Ah! pauvre enfant! dit Catherine, tu as été blessé?

— Oui, Madame.

— Et quand cela?

— Le soir où l'on vint pour arrêter le roi de Navarre. J'eus si grand'peur en voyant des soldats que je criai, j'appelai; l'un d'eux me donna un coup sur la tête et je tombai évanoui.

— Pauvre garçon! et te voilà bien rétabli maintenant?

— Oui, Madame.

— De sorte que tu cherches le roi de Navarre pour rentrer chez lui?

— Non, Madame. Le roi de Navarre, ayant appris que j'avais osé résister aux ordres de

Votre Majesté, m'a chassé sans miséricorde.

— Vraiment! dit Catherine avec une intonation pleine d'intérêt. Eh bien! je me charge de cette affaire. Mais si tu attends madame de Sauve, tu l'attendras inutilement; elle est occupée au-dessous d'ici, chez moi, dans mon cabinet.

Et Catherine, pensant qu'Orthon n'avait peut-être pas eu le temps de cacher le billet derrière la glace, entra dans le cabinet de madame de Sauve pour laisser toute liberté au jeune homme.

Au même moment, et comme Orthon, inquiet de cette arrivée inattendue de la reine-mère, se demandait si cette arrivée ne cachait pas quelque complot contre son maître, il entendit frapper trois petits coups au plafond; c'était le signal qu'il devait lui-même donner à son maître dans le cas de danger quand son maître était chez madame de Sauve, et qu'il veillait sur lui.

Ces trois coups le firent tressaillir, une révélation mystérieuse l'éclaira, et il pensa que cette fois l'avis était donné à lui-même; il courut donc au miroir, et en retira le billet qu'il y avait déjà posé.

Catherine suivait, à travers une ouverture de la tapisserie, tous les mouvements de l'enfant; elle le vit s'élancer vers le miroir, mais elle ne sut si c'était pour y cacher le billet ou pour l'en retirer.

— Eh bien! murmura l'impatiente Florentine, pourquoi tarde-t-il donc maintenant à partir?

Et elle rentra aussitôt dans la chambre le visage souriant.

— Encore ici, petit garçon? dit-elle. Eh bien ! mais qu'attends-tu donc ? Ne t'ai-je pas dit que je prenais en main le soin de ta petite fortune ? Quand je te dis une chose, en doutes-tu ?

— O Madame, Dieu m'en garde ! répondit Orthon.

Et l'enfant, s'approchant de la reine, mit un genou en terre, baisa le bas de sa robe, et sortit rapidement.

En sortant il vit dans l'antichambre le capitaine des gardes qui attendait Catherine. Cette vue n'était point faite pour éloigner ses soupçons, aussi ne fit-elle que les redoubler.

De son côté Catherine n'eut pas plutôt vu

la tapisserie de la portière retomber derrière Orthon, qu'elle s'élança vers le miroir. Mais ce fut inutilement qu'elle plongea derrière lui sa main tremblante d'impatience, elle ne trouva aucun billet.

Et cependant elle était sûre d'avoir vu l'enfant s'approcher du miroir. C'était donc pour reprendre et non pour déposer La fatalité donnait une force égale à ses adversaires. Un enfant devenait un homme du moment où il luttait contre elle.

Elle remua, regarda, sonda, rien !...

— Oh ! le malheureux ! s'écria-t-elle. Je ne lui voulais cependant pas de mal, et voilà qu'en retirant le billet il va au-devant de sa destinée. Holà, monsieur de Nancey, holà !

La voix vibrante de la reine-mère traversa le salon et pénétra jusque dans l'antichambre où se tenait, nous l'avons dit, le capitaine des gardes.

M. de Nancey accourut.

— Me voilà, dit-il, Madame. Que désire Votre Majesté ?

— Vous êtes dans l'antichambre ?

— Oui, Madame.

— Vous avez vu sortir un jeune homme, un enfant ?

— A l'instant même.

— Il ne peut être loin encore ?

— A moitié de l'escalier à peine.

— Rappelez-le.

— Comment se nomme-t-il ?

— Orthon. S'il refuse de revenir, ramenez-le de force. Cependant ne l'effrayez point, s'il ne fait aucune résistance. Il faut que je lui parle à l'instant même.

Le capitaine des gardes s'élança.

Comme il l'avait prévu, Orthon était à peine à moitié de l'escalier; car il descendait lentement dans l'espérance de rencontrer dans l'escalier ou d'apercevoir dans quelque corridor le roi de Navarre ou madame de Sauve.

Il s'entendit rappeler et tressaillit.

Son premier mouvement fut de fuir ; mais, avec une puissance de réflexion au-dessus de son âge, il comprit que s'il fuyait il perdait tout.

Il s'arrêta donc.

— Qui m'appelle ?

— Moi, M. de Nancey, répondit le capitaine des gardes en se précipitant par les montées.

— Mais je suis bien pressé, dit Orthon.

— De la part de Sa Majesté la reine-mère, reprit M. de Nancey en arrivant près de lui.

L'enfant essuya la sueur qui coulait sur son front et remonta.

Le capitaine le suivit par derrière.

Le premier plan qu'avait formé Catherine était d'arrêter le jeune homme, de le faire fouiller et de s'emparer du billet dont elle le savait porteur; en conséquence, elle avait songé à l'accuser de vol, et déjà avait détaché de la toilette une agrafe de diamants dont elle voulait faire peser la soustraction sur l'enfant; mais elle réfléchit que le moyen était dangereux, en ceci qu'il éveillait les soupçons du jeune homme, lequel prévenait son maître, qui alors se défiait, et dans sa défiance ne donnait point prise sur lui.

Sans doute elle pouvait faire conduire le jeune homme dans quelque cachot ; mais le bruit de l'arrestation, si secrètement qu'elle se fît, se répandait dans le Louvre, et un seul mot de cette arrestation mettait Henri sur ses gardes.

Il fallait cependant à Catherine ce billet, car un billet de M. de Mouy au roi de Navarre, un billet recommandé avec tant de soins devrait renfermer toute une conspiration.

Elle replaça donc l'agrafe où elle l'avait prise.

— Non, non, dit-elle, idée de sbire, mauvaise idée. Mais pour un billet...., qui peut-être n'en vaut pas la peine, continua-t-elle en fronçant les sourcils, et en parlant si bas qu'elle-même pouvait à peine entendre le bruit de ses paroles. Eh! ma foi, ce n'est point ma faute; c'est la sienne. Pourquoi le petit brigand n'a-t-il point mis le billet où il devait le mettre! Ce billet, il me le faut.

En ce moment, Orthon rentra.

Sans doute le visage de Catherine avait une expression terrible, car le jeune homme s'arrêta pâlissant sur le seuil. Il était encore trop jeune pour être parfaitement maître de lui-même.

— Madame, dit-il, vous m'avez fait l'honneur de me rappeler ; en quelle chose puis-je être bon à Votre Majesté ?

Le visage de Catherine s'éclaira, comme si un rayon de soleil fût venu le mettre en lumière.

— Je t'ai fait rappeler, enfant, dit-elle, parce que ton visage me plaît, et que t'ayant fait une promesse, celle de m'occuper de ta fortune, je veux tenir cette promesse sans retard. On nous accuse, nous autres reines, d'être oublieuses. Ce n'est point notre cœur qui l'est, c'est notre esprit emporté par les évènements. Or, je me suis rappelé que les rois tiennent dans leurs mains la fortune des hommes, et je t'ai rappelé. Viens, mon enfant, suis-moi.

M. de Nancey, qui prenait la scène au sérieux, regardait cet attendrissement de Catherine avec un grand étonnement.

— Sais-tu monter à cheval, petit? demanda Catherine.

— Oui, Madame.

— En ce cas, viens dans mon cabinet. Je vais te remettre un message que tu porteras à Saint-Germain.

— Je suis aux ordres de Votre Majesté.

— Faites-lui préparer un cheval, Nancey.

M. de Nancey disparut.

— Allons, enfant, dit Catherine.

Et elle marcha la première. Orthon la suivit.

La reine-mère descendit un étage, puis elle s'engagea dans le corridor où étaient les appartements du roi et du duc d'Alençon, gagna l'escalier tournant, descendit encore un étage, ouvrit une porte qui aboutissait à une galerie circulaire dont nul, excepté le roi et elle, n'avait la clé, fit entrer Orthon, entra ensuite, et tira derrière elle la porte. Cette galerie entourait comme un rempart certaines portions des appartements du roi et de la reine-mère. C'était comme la galerie du château Saint-Ange à Rome et celle du palais Pitti à Florence, une retraite ménagée en cas de danger.

La porte tirée, Catherine se trouva enfermée avec le jeune homme dans ce corridor obscur. Tous deux firent une vingtaine de pas, Catherine marchant devant, Orthon suivant Catherine.

Tout-à-coup Catherine se retourna et

Orthon retrouva sur son visage la même expression sombre qu'il y avait vue dix minutes auparavant. Ses yeux ronds, comme ceux d'une chatte ou d'une panthère, semblaient jeter du feu dans l'obscurité.

— Arrête ! dit-elle.

Orthon sentit un frisson courir dans ses épaules, un froid mortel, pareil à un manteau de glace, tombait de cette voûte. Le parquet semblait morne, comme le couvercle d'une tombe. Le regard de Catherine était aigu, si cela peut se dire, et pénétrait dans la poitrine du jeune homme.

Il se recula en se rangeant tout tremblant contre la muraille.

— Où est le billet que tu étais chargé de remettre au roi de Navarre ?

— Le billet? balbutia Orthon.

— Oui, ou de déposer en son absence derrière le miroir?

— Moi, Madame, dit Orthon; je ne sais ce que vous voulez dire.

— Le billet que de Mouy t'a remis, il y a une heure, derrière le jardin de l'Arbalète.

— Je n'ai pas de billet, dit Orthon, Votre Majesté se trompe bien certainement.

— Tu mens, dit Catherine, donne le billet et je tiens la promesse que je t'ai faite.

— Laquelle, Madame?

— Je t'enrichis.

— Je n'ai point de billet, Madame, reprit l'enfant.

Catherine commença un grincement de dents qui s'acheva par un sourire.

— Veux-tu me le donner, dit-elle, et tu auras mille écus d'or ?

— Je n'ai pas de billet, Madame.

— Deux mille écus.

— Impossible. Puisque je n'en ai pas, je ne puis vous le donner.

— Dix mille écus, Orthon.

Orthon, qui voyait la colère monter comme une marée du cœur au front de la reine, pensa qu'il n'avait qu'un moyen de sauver son maître, c'était d'avaler le billet Il porta la main à sa poche. Catherine devina son intention et arrêta sa main.

— Allons ! enfant ! dit-elle en riant. Bien,

tu es fidèle. Quand les rois veulent s'attacher un serviteur, il n'y a point de mal qu'ils s'assurent si c'est un cœur dévoué. Je sais à quoi m'en tenir sur toi maintenant. Tiens, voici ma bourse comme première récompense. Va porter ce billet à ton maître, et annonce-lui qu'à partir d'aujourd'hui tu es à mon service. Va, tu peux sortir sans moi par la porte qui nous a donné passage : elle s'ouvre en dedans.

Et Catherine déposant la bourse dans la main du jeune homme stupéfait, fit quelques pas en avant et posa sa main sur le mur.

Cependant le jeune homme demeurait debout et hésitant. Il ne pouvait croire que le danger qu'il avait senti s'abattre sur sa tête se fût éloigné.

— Allons, ne tremble donc pas ainsi, dit Catherine, ne t'ai je pas dit que tu étais libre de t'en aller, et que si tu voulais revenir ta fortune serait faite ?

— Merci, Madame, dit Orthon. Ainsi, vous me faites grâce ?

— Il y a plus, je te récompense ; tu es un bon porteur de billet doux, un gentil messager d'amour, seulement tu oublies que ton maître t'attend.

— Ah ! c'est vrai, dit le jeune homme en s'élançant vers la porte.

Mais à peine eut-il fait trois pas que le parquet manqua sous ses pieds. Il trébucha, étendit les deux mains, poussa un horrible cri, et disparut abîmé dans l'oubliette du Louvre, dont Catherine venait de pousser le ressort.

— Allons, murmura Catherine, maintenant, grâce à la ténacité de ce drôle, il me va falloir descendre cent cinquante marches.

Catherine rentra chez elle, alluma une lanterne sourde, revint dans le corridor, replaça le ressort, ouvrit la porte d'un escalier à vis qui semblait s'enfoncer dans les entrailles de la terre ; et, pressée par la soif insatiable d'une curiosité qui n'était que le ministre de sa haine, elle parvint à une porte de fer qui s'ouvrait en retour et donnait sur le fond de l'oubliette.

C'est là que, sanglant, broyé, écrasé par une chute de cent pieds, mais cependant palpitant encore, gisait le pauvre Orthon. Derrière l'épaisseur du mur on entendait rouler l'eau de la Seine, qu'une infiltration souterraine amenait jusqu'au fond de l'escalier.

Catherine entra dans la fosse humide et nauséabonde qui, depuis qu'elle existait, avait dû être témoin de bien des chutes pareilles à celle qu'elle venait de voir, fouilla le corps, saisit la lettre, s'assura que c'était bien celle qu'elle désirait avoir, repoussa du pied le cadavre, appuya le pouce sur un ressort; le fond bascula, et le cadavre glissant, emporté par son propre poids, disparut dans la direction de la rivière.

Puis refermant la porte, elle remonta, s'enferma dans son cabinet et lut le billet qui était conçu en ces termes :

« Ce soir, à dix heures, rue de l'Arbre-
« Sec, hôtel de la Belle-Étoile. Si vous ve-

« nez, ne répondez rien ; si vous ne venez
« pas, dites non au porteur.

« De Mouy de Saint-Phale. »

En lisant ce billet, il n'y avait qu'un sourire sur les lèvres de Catherine ; elle songeait seulement à la victoire qu'elle allait remporter, oubliant complètement à quel prix elle achetait cette victoire.

Mais aussi, qu'était-ce qu'Orthon ? Un cœur fidèle, une âme dévouée, un enfant jeune et beau ; voilà tout.

Cela, on le pense bien, ne pouvait pas faire pencher un instant le plateau de cette froide balance où se pèsent les destinées des empires.

Le billet lu, Catherine remonta immédiatement chez Madame de Sauve et le plaça derrière le miroir.

En descendant elle retrouva à l'entrée du corridor le capitaine des gardes.

— Madame, dit M. de Nancey, selon les ordres qu'a donnés Votre Majesté, le cheval est prêt.

— Mon cher baron, dit Catherine, le cheval est inutile, j'ai fait causer ce garçon et il est véritablement trop sot pour le charger de l'emploi que je lui voulais confier. Je le prenais pour un laquais et c'était tout au plus un palefrenier; je lui ai donné quelque argent et l'ai renvoyé par le petit guichet.

— Mais, dit M. de Nancey, cette commission?

— Cette commission? répéta Catherine.

— Oui, qu'il devait faire à Saint-Germain,

Votre Majesté veut-elle que je la fasse, ou que je la fasse faire par quelqu'un de mes hommes?

— Non, non, dit Catherine, vous et vos hommes aurez ce soir autre chose à faire.

Et Catherine rentra chez elle, espérant bien ce soir tenir entre ses mains le sort de ce damné roi de Navarre.

V

L'Hôtellerie de la Belle-Étoile.

Deux heures après l'évènement que nous avons raconté, et dont nulle trace n'était restée même sur la figure de Catherine, madame de Sauve, ayant fini son travail chez la reine, remonta dans son appartement; derrière elle Henri rentra, et, ayant su de Dariole qu'Orthon était venu; il alla droit à la glace et prit le billet.

Il était, comme nous l'avons dit, conçu en ces termes :

« Ce soir, à dix heures rue de l'Arbre-Sec,
« hôtel de la Belle-Étoile ; si vous venez, ne
« répondez rien Si vous ne venez pas, ré-
« pondez non au porteur.

« De Mouy de Saint-Phale. »

De suscription, il n'y en avait point.

— Henri ne manquera pas d'aller au rendezvous, dit Catherine, car, eût-il envie de n'y point aller, il ne trouvera plus maintenant le porteur pour lui dire non.

Sur ce point Catherine ne s'était pas trompée. Henri s'informa d'Orthon, Dariole lui dit qu'il était sorti avec la reine-mère ; mais comme il trouva le billet à sa place et qu'il savait le pauvre enfant incapable de trahison, il ne conçut aucune inquiétude.

Il dîna comme de coutume à la table du roi, qui railla fort Henri sur les maladresses qu'il avait faites dans la matinée à la chasse au vol. Henri s'excusa sur ce qu'il était homme de montagne et non homme de la plaine, mais il promit à Charles d'étudier la volerie.

Catherine fut charmante, et, en se levant de table, pria Marguerite de lui tenir compagnie toute la soirée.

A huit heures, Henri prit deux gentilshommes et sortit avec eux par la porte Saint-Honoré, fit un long détour, rentra par la tour de Bois, passa la Seine au bac de Nesle, remonta jusqu'à la rue Saint-Jacques, et là il les congédia, comme s'il eût été en aventure amoureuse. Au coin de la rue des Mathurins, il trouva un homme à cheval enveloppé d'un manteau ; il s'approcha de lui.

— Mantes, dit l'homme.

— Pau, répondit le roi.

— L'homme mit aussitôt pied à terre. Henri s'enveloppa du manteau qui était tout crotté, monta sur le cheval qui était tout fumant, revint par la rue de la Harpe, traversa le pont Saint Michel, enfila la rue Barthélemy, passa de nouveau la rivière sur le Pont-aux-Meuniers, descendit les quais, prit la rue de l'Arbre-Sec, et s'en vint heurter à la porte de maître La Hurière.

La Mole était dans la salle que nous connaissons et écrivait une longue lettre d'amour à qui vous savez.

Coconnas était dans la cuisine avec La Hurière, regardant tourner six perdreaux et discutant avec son ami l'hôtelier sur le degré de cuisson auquel il était convenable de tirer les perdreaux de la broche.

Ce fut en ce moment qu'Henri frappa. Grégoire alla ouvrir et conduisit le cheval à l'écurie tandis que le voyageur entrait en faisant résonner ses bottes sur le plancher, comme pour réchauffer ses pieds engourdis.

— Eh! maître La Hurière, dit La Mole tout en écrivant, voici un gentilhomme qui vous demande.

La Hurière s'avança, toisa Henri des pieds à la tête, et comme son manteau de gros drap ne lui inspirait pas une grande vénération :

— Qui êtes-vous! demanda-t-il au roi.

— Eh sang-dieu! dit Henri montrant La

Mole, monsieur vient de vous le dire, je suis un gentilhomme de Gascogne qui vient à Paris pour se produire à la cour.

— Que voulez-vous ?

— Une chambre et un souper.

— Hum ! fit la Hurière, avez-vous un laquais ?

C'était, on le sait, la question habituelle.

— Non, répondit Henri : mais je compte bien en prendre un dès que j'aurai fait fortune.

— Je ne loue pas de chambre de maître sans chambre de laquais, dit La Hurière.

— Même si je vous offre de vous payer votre chambre et votre souper un noble à la rose, quitte à faire notre prix demain ?

— Oh! oh! vous êtes bien généreux, mon gentilhomme! dit La Hurière en regardant Henri avec défiance.

— Non ; mais dans la croyance que je passerais la soirée et la nuit dans votre hôtel, que m'avait fort recommandé un seigneur de mon pays, qui l'habite, j'ai invité un ami à venir souper avec moi. Avez-vous du bon vin d'Arbois ?

— J'en ai, que le Béarnais n'en boit pas de meilleur.

— Bon, je le paye à part. Ah! justement, voici mon convive.

Effectivement la porte venait de s'ouvrir et avait donné passage à un second gentilhomme de quelques années plus âgé que le premier, traînant à son côté une immense rapière.

—Ah! ah! dit-il, vous êtes exact, mon jeune ami. Pour un homme qui vient de faire deux cents lieues, c'est beau d'arriver à la minute.

— Est-ce votre convive? demanda La Hurière.

— Oui, dit le premier venu en allant au jeune homme à la rapière et en lui serrant la main; servez-nous à souper.

— Ici, ou dans votre chambre?

— Où vous voudrez.

— Maître, fit La Mole en appelant La Hurière, débarrassez-nous de ces figures de huguenots; nous ne pourrions pas, devant eux, Coconnas et moi, dire un mot de nos affaires.

— Dressez le souper dans la chambre numéro 2, au troisième, dit La Hurière. Montez, Messieurs, montez.

Les deux voyageurs suivirent Grégoire, qui marcha devant eux en les éclairant.

La Mole les suivit des yeux jusqu'à ce qu'ils eussent disparu, et, se retournant alors, il vit Coconnas, dont la tête sortait de la cuisine. Deux gros yeux fixes et une bouche ouverte donnaient à cette tête un air d'étonnement remarquable.

La Mole s'approcha de lui.

— Mordi! lui dit Coconnas, as-tu vu ?

— Quoi ?

— Ces deux gentilshommes.

— Eh bien ?

— Je jurerais que c'est...

— Qui ?

— Mais... le roi de Navarre et l'homme au manteau rouge.

— Jure si tu veux, mais pas trop haut.

— Tu as donc reconnu aussi ?

— Certainement.

— Que viennent-ils faire ici ?

— Tu ne devines pas ?

— Quelque affaire d'amourettes.

— Tu crois ?

— J'en suis sûr.

— La Mole, j'aime mieux des coups d'épée que ces amourettes là. Je voulais jurer tout à l'heure, je parie maintenant.

— Que paries-tu ?

— Qu'il s'agit de quelque conspiration.

— Bah! tu es fou.

— Et moi, je te dis...

— Je te dis que s'ils conspirent cela les regarde.

— Ah! c'est vrai. Au fait, dit Coconnas, je ne suis plus à M. d'Alençon; qu'ils s'arrangent comme bon leur semblera.

Et comme les perdreaux paraissaient arrivés au degré de cuisson où les aimait Coconnas, le Piémontais, qui comptait en faire la meilleure portion de son dîner, appela maître La Hurière pour qu'il les tirât de la broche.

Pendant ce temps Henri et de Mouy s'installaient dans leur chambre.

— Eh bien, Sire, dit de Mouy quand

Grégoire eut dressé la table, vous avez vu Orthon?

— Non; mais j'ai eu le billet qu'il a déposé au miroir. L'enfant aura pris peur, à ce que je présume; car la reine Catherine est venue tandis qu'il était là, si bien qu'il s'en est allé sans m'attendre. J'ai eu un instant quelque inquiétude, car Dariole m'a dit que la reine-mère l'a fait longuement causer.

— Oh! il n'y a pas de danger, le drôle est adroit; et, quoique la reine-mère sache son métier, il lui donnera du fil à retordre, j'en suis sûr.

— Et vous, de Mouy, l'avez-vous revu? demanda Henri.

— Non, mais je le reverrai ce soir : à minuit il doit me revenir prendre ici avec un bon poitrinal; il me contera cela en nous en allant.

— Et l'homme qui était au coin de la rue des Mathurins?

— Quel homme?

— L'homme dont j'ai le cheval et le manteau, en êtes-vous sûr?

— C'est un de nos plus dévoués. D'ailleurs il ne connaît pas Votre Majesté, et il ignore à qui il a eu affaire.

— Nous pouvons alors causer de nos affaires en toute tranquillité.

— Sans aucun doute. D'ailleurs La Mole fait le guet.

— A merveille.

— Eh bien, Sire! que dit M. d'Alençon?

— M. d'Alençon ne veut plus partir, de Mouy, il s'est expliqué nettement à ce sujet. L'élection du duc d'Anjou au trône de Pologne et l'indisposition du roi ont changé tous ses desseins.

— Ainsi, c'est lui qui a fait manquer tout notre plan.

— Oui.

— Il nous trahit, alors.

— Pas encore; mais il nous trahira à la première occasion qu'il trouvera.

— Cœur lâche, esprit perfide, pourquoi n'a-t-il pas répondu aux lettres que je lui ai écrites?

— Pour avoir des preuves et n'en pas donner. En attendant, tout est perdu, n'est-ce pas, de Mouy?

— Au contraire, Sire, tout est gagné. Vous savez bien que le parti tout entier, moins la fraction du prince de Condé, était pour vous, et ne se servait du duc, avec lequel il avait eu l'air de se mettre en relation, que comme d'une sauvegarde. Eh bien! depuis le jour de la cérémonie, j'ai tout relié, tout rattaché à vous. Cent hommes vous suffisaient pour fuir avec le duc d'Alençon, j'en ai levé quinze cents; dans huit jours ils seront prêts, échelonnés sur la route de Pau. Ce ne sera plus une fuite, ce sera une retraite. Quinze cents hommes vous suffiront-ils, Sire, et vous croirez-vous en sûreté avec une armée?

Henri sourit, et lui frappant sur l'épaule :

— Tu sais, de Mouy, lui dit-il, et tu es seul à le savoir, que le roi de Navarre n'est pas de son naturel aussi effrayé qu'on le croit.

— Eh! mon Dieu! je le sais, Sire, et j'espère qu'avant qu'il soit longtemps la France tout entière le saura comme moi. Mais quand on conspire, il faut réussir La première condition de la réussite est la décision; et pour que la décision soit rapide, franche, incisive, il faut être convaincu qu'on réussira.

— Eh bien! Sire, quels sont les jours où il y a chasse?

— Tous les huit ou dix jours, soit à courre, soit au vol.

— Quand a-t-on chassé?

— Aujourd'hui-même.

— D'aujourd'hui en huit ou dix jours, on chassera donc encore?

— Sans aucun doute, peut-être même avant.

— Écoutez ; tout me semble parfaitement calme : le duc d'Anjou est parti ; on ne pense plus à lui. Le roi se remet de jour en jour de son indisposition. Les persécutions contre nous ont à peu près cessé. Faites les doux yeux à la reine-mère, faites les doux yeux à M. d'Alençon ; dites-lui toujours que vous ne pouvez partir sans lui : tâchez qu'il le croie, ce qui est plus difficile.

— Sois tranquille, il le croira.

— Croyez-vous qu'il ait si grande confiance en vous ?

— Non pas, Dieu m'en garde ! mais il croit tout ce que lui dit la reine.

— Et la reine nous sert franchement, elle ?

— Oh ! j'en ai la preuve. D'ailleurs elle est ambitieuse, et cette couronne de Navarre absente lui brûle le front.

— Eh bien ! trois jours avant cette chasse, faites-moi dire où elle aura lieu. Si c'est à Bondy, à Saint-Germain ou à Rambouillet, ajoutez que vous êtes prêt, et quand vous verrez M. de La Mole piquer devant vous, suivez-le, et piquez ferme. Une fois hors de la forêt, si la reine-mère veut vous avoir, il faudra qu'elle coure après vous ; or, ses chevaux normands ne verront pas même, je l'espère, les fers de nos chevaux barbes et de nos genêts d'Espagne.

— C'est dit, de Mouy.

— Avez-vous de l'argent, Sire?

Henri fit la grimace que toute sa vie il fit à cette question.

— Pas trop, dit-il; mais je crois que Margot en a.

— Eh bien! soit à vous, soit à elle, emportez-en le plus que vous pourrez.

— Et toi, en attendant, que vas-tu faire?

— Après m'être occupé des affaires de Votre Majesté, assez activement comme elle le voit, Votre Majesté me permettra-t-elle de m'occuper un peu des miennes?

— Fais, de Mouy, fais; mais quelles sont tes affaires?

— Écoutez, Sire. Orthon m'a dit (c'est un

garçon fort intelligent que je recommande à Votre Majesté); Orthon m'a dit hier avoir rencontré près de l'Arsenal ce brigand de Maurevel, qui est rétabli grâce aux soins de René, et qui se réchauffe au soleil comme un serpent qu'il est.

— Ah! oui, je comprends, dit Henri.

— Ah! vous comprenez, bon... Vous serez roi un jour, vous, Sire, et si vous avez quelque vengeance du genre de la mienne à accomplir, vous l'accomplirez en roi. Je suis un soldat, et je dois me venger en soldat. Donc quand toutes nos petites affaires seront arrangées, ce qui donnera à ce brigand-là cinq ou six jours encore pour se remettre, j'irai moi aussi faire un tour du côté de l'Arsenal et je le clouerai au gazon de quatre bons coups de rapière, après quoi je quitterai Paris le cœur moins gros.

— Fais tes affaires, mon ami, fais tes affaires, dit le Béarnais. A propos, tu es content de La Mole, n'est-ce pas?

— Ah! charmant garçon qui vous est dévoué corps et âme, Sire, et sur lequel vous pouvez compter comme sur moi..... brave......

— Et surtout discret; aussi nous suivra-t-il en Navarre, de Mouy : une fois arrivés là, nous chercherons ce que nous devons faire pour le récompenser.

Comme Henri achevait ces mots avec son sourire narquois, la porte s'ouvrit ou plutôt s'enfonça, et celui dont on faisait l'éloge au moment même parut pâle et agité.

— Alerte, Sire, cria-t-il, alerte! la maison est cernée.

— Cernée! s'écria Henri en se levant; par qui?

— Par les gardes du roi.

— Oh! oh! dit de Mouy en tirant ses pistolets de sa ceinture, bataille, à ce qu'il paraît.

— Ah! oui, dit La Mole, il s'agit bien de pistolets et de bataille, que voulez-vous faire contre cinquante hommes?

— Il a raison, dit le roi, et s'il y avait quelque moyen de retraite...

— Il y en a un qui m'a déjà servi à moi, et si Votre Majesté veut me suivre...

— Et de Mouy?

— M. de Mouy peut nous suivre aussi, s'il veut; mais il faut que vous vous pressiez tous deux.

On entendit des pas dans l'escalier.

— Il est trop tard, dit Henri.

— Ah! si l'on pouvait seulement les occuper pendant cinq minutes, s'écria La Mole, je répondrais du roi.

— Alors, répondez-en, Monsieur, dit de Mouy, je me charge de les occuper, moi. Allez, Sire, allez.

— Mais, que feras-tu?

— Ne vous inquiétez pas, Sire; allez toujours.

Et de Mouy commença par faire disparaître l'assiette, la serviette et le verre du roi, de façon qu'on pût croire qu'il était seul à table.

— Venez, Sire, venez, s'écria La Mole en prenant le roi par le bras et l'entraînant dans l'escalier.

— De Mouy! mon brave de Mouy! s'écria Henri en tendant la main au jeune homme.

De Mouy baisa cette main, poussa Henri hors de la chambre, et en referma derrière lui la porte au verrou.

— Oui, oui, je comprends, dit Henri; il va se faire prendre, lui, tandis que nous nous sauverons, nous; mais qui diable peut nous avoir trahis?

— Venez, Sire, venez; ils montent, ils montent.

En effet, la lueur des flambeaux commençait à ramper le long de l'étroit escalier, tandis qu'on entendait au bas comme une espèce de cliquetis d'épée.

— Alerte! Sire, alerte! dit La Mole.

Et, guidant le roi dans l'obscurité, il lui fit monter deux étages, poussa la porte d'une chambre, qu'il referma au verrou, et allant ouvrir la fenêtre d'un cabinet :

— Sire, dit-il, Votre Majesté craint-elle beaucoup les excursions sur les toits?

— Moi, dit Henri; allons donc, un chasseur d'isards!

— Eh bien! que Votre Majesté me suive; je connais le chemin et vais lui servir de guide.

— Allez, allez, dit Henri, je vous suis.

Et La Mole enjamba le premier, suivit un large rebord faisant gouttière, au bout duquel il trouva une vallée formée par deux toits ; sur cette vallée s'ouvrait une mansarde sans fenêtre et donnant dans un grenier inhabité.

— Sire, dit La Mole, vous voici au port.

— Ah ! ah ! dit Henri, tant mieux.

Et il essuya son front pâle où perlait la sueur.

— Maintenant, dit La Mole, les choses vont aller toutes seules ; le grenier donne sur l'escalier, l'escalier aboutit à une allée, et cette allée conduit à la rue. J'ai fait le même chemin, Sire, par une nuit bien autrement terrible que celle-ci.

— Allons, allons, dit Henri, en avant !

La Mole se glissa le premier par la fenêtre béante, gagna la porte mal fermée, l'ouvrit, se trouva en haut d'un escalier tournant, et mettant dans la main du roi la corde qui servait de rampe :

— Venez, Sire, dit-il.

Au milieu de l'escalier Henri s'arrêta ; il était arrivé devant une fenêtre ; cette fenêtre donnait sur la cour de l'hôtellerie de la Belle-Étoile. On voyait dans l'escalier en face courir des soldats, les uns portant à la main des épées et les autres des flambeaux.

Tout à coup, au milieu d'un groupe, le roi de Navarre aperçut de Mouy. Il avait rendu son épée et descendait tranquillement.

— Pauvre garçon, dit Henri ; cœur brave et dévoué !

— Ma foi, Sire, dit La Mole, Votre Majesté remarquera qu'il a l'air fort calme ; et, tenez, même il rit ! Il faut qu'il médite quelque bon tour, car, vous le savez, il rit rarement.

— Et ce jeune homme qui était avec vous ?

— M. de Coconnas ? demanda Là Mole.

— Oui, M. de Coconnas, qu'est-il devenu ?

— Oh ! Sire, je ne suis point inquiet de lui. En apercevant les soldats, il ne m'a dit qu'un mot :

— Risquons-nous quelque chose ?

— La tête, lui ai-je répondu.

— Et te sauveras-tu, toi ?

— Je l'espère.

— Eh bien! moi aussi, a-t-il répondu. Et je vous jure qu'il se sauvera, Sire. Quand on prendra Coconnas; je vous en réponds, c'est qu'il lui conviendra de se laisser prendre.

— Alors, dit Henri, tout va bien; tâchons de regagner le Louvre.

— Ah! mon Dieu, fit La Mole, rien de plus facile, Sire; enveloppons-nous de nos manteaux et sortons. La rue est pleine de gens accourus au bruit, on nous prendra pour des curieux.

En effet, Henri et La Mole trouvèrent la porte ouverte, et n'éprouvèrent d'autre difficulté pour sortir que le flot de populaire qui encombrait la rue.

Cependant tous deux parvinrent à se glisser par la rue d'Averon; mais arrivant rue des Poulies, ils virent, traversant la place Saint-Germain l'Auxerrois, de Mouy et son escorte conduits par le capitaine des gardes M. de Nancey.

— Ah! ah! dit Henri, on le conduit au Louvre, à ce qu'il paraît. Diable! les guichets vont être fermés... On prendra les noms de tous ceux qui rentreront ; et si l'on me voit rentrer après lui, ce sera une probabilité que j'étais avec lui.

— Eh bien! mais, Sire, dit La Mole, rentrez au Louvre autrement que par le guichet.

— Comment Diable! veux-tu que j'y rentre?

— Votre Majesté n'a-t-elle point la fenêtre de la reine de Navarre?

— Ventre saint-gris! Monsieur de La

Mole, dit Henri, vous avez raison. Et moi qui n'y pensais pas!... Mais comment prévenir la reine?

— Oh! dit La Mole en s'inclinant avec une respectueuse reconnaissance, Votre Majesté lance si bien les pierres!...

VI

De Mouy de Saint-Phale.

Cette fois, Catherine avait si bien pris ses précautions qu'elle croyait être sûre de son fait.

En conséquence, vers dix heures, elle avait renvoyé Marguerite, bien convaincue — c'était d'ailleurs la vérité — que la reine de Navarre ignorait ce qui se tramait contre son mari, et elle était passée chez le roi, le priant de retarder son coucher.

Intrigué par l'air de triomphe qui, malgré sa dissimulation habituelle, épanouissait le visage de sa mère, Charles questionna Catherine, qui lui répondit seulement ces mots :

— Je ne puis dire qu'une chose à Votre Majesté, c'est que ce soir elle sera délivrée de ses deux plus cruels ennemis.

Charles fit ce mouvement de sourcil d'un homme qui dit en lui-même : C'est bien, nous allons voir ; et sifflant son grand lévrier, qui vint à lui, se traînant sur le ventre comme un serpent, et posa sa tête fine et intelligente sur le genou de son maître, il attendit.

Au bout de quelques minutes, que Catherine passa les yeux fixes et l'oreille tendue, on entendit un coup de pistolet dans la cour du Louvre.

— Qu'est-ce que ce bruit? demanda Charles en fronçant le sourcil, tandis que le lévrier se relevait par un mouvement brusque en redrèssant ses oreilles.

— Rien, dit Catherine; un signal, voilà tout.

— Et que signifie ce signal.

— Il signifie qu'à partir de ce moment, Sire, votre unique, votre véritable ennemi est hors de vous nuire.

— Vient-on de tuer un homme? demanda Charles en regardant sa mère avec cet œil de maître qui signifie que l'assassinat et la grâce sont deux attributs inhérents à la puissance royale.

— Non, Sire; on vient seulement d'en arrêter deux.

Oh! murmura Charles, toujours des trames cachées, toujours des complots dont le roi n'est pas. Mort-diable! ma mère, je suis grand garçon cependant, assez grand garçon pour veiller sur moi-même, et n'ai besoin ni de de lisières ni de bourrelets. Allez vous-en en Pologne avec votre fils Henri si vous voulez régner. Mais ici, vous avez tort, je vous le dis, de jouer ce jeu-là.

— Mon fils, dit Catherine, c'est la dernière fois que je me mêle de vos affaires. Mais c'était une entreprise commencée depuis long-temps, dans laquelle vous m'avez toujours donné tort, et je tenais à cœur de prouver à Votre Majesté que j'avais raison.

En ce moment plusieurs hommes s'arrêtèrent dans le vestibule, et l'on entendit se poser sur la dalle la crosse des mousquets d'une petite troupe.

Presque aussitôt M. de Nancey fit demander la permission d'entrer chez le roi.

—Qu'il entre, dit vivement Charles.

M. de Nancey entra, salua le roi, et se tournant vers Catherine :

—Madame, dit-il, les ordres de Votre Majesté sont exécutés : il est pris.

—Comment, *il?* s'écria Catherine fort troublée; n'en avez vous pris qu'un ?

—Il était seul, Madame.

—Et s'est-il défendu ?

—Non, il soupait tranquillement dans une chambre, et a remis son épée à la première sommation.

—Qui cela ? demanda le roi.

— Vous allez voir, dit Catherine. Faites entrer le prisonnier, Monsieur de Nancey.

Cinq minutes après, de Mouy fut introduit.

— De Mouy! s'écria le roi; et qu'y a-t-il donc, Monsieur?

— Eh! Sire, dit de Mouy avec une tranquillité parfaite, si Votre Majesté m'en accorde la permission, je lui ferai la même demande.

— Au lieu de faire cette demande au roi, dit Catherine, ayez la bonté, Monsieur de Mouy, d'apprendre à mon fils quel est l'homme qui se trouvait dans la chambre du roi de Navarre certaine nuit, et qui cette nuit-là, en résistant aux ordres de Sa Majesté comme un rebelle qu'il est, a tué deux gardes et blessé M. de Maurevel?

— En effet, dit Charles en fronçant le sourcil; sauriez-vous le nom de cet homme, monsieur de Mouy?

— Oui, Sire; Votre Majesté désire-t-elle le connaître ?

— Cela me ferait plaisir, je l'avoue.

— Eh bien ! Sire, il s'appelait de Mouy de Saint-Phale.

— C'était vous ?

— Moi-même.

Catherine, étonnée de cette audace, recula d'un pas devant le jeune homme.

— Et comment, dit Charles IX, osâtes-vous résister aux ordres du roi ?

— D'abord, Sire, j'ignorais qu'il y eût un ordre de Votre Majesté; puis je n'ai vu qu'une chose, ou plutôt qu'un homme, M. de Maurevel, l'assassin de mon père et de M. l'amiral. Je me suis rappelé alors qu'il y avait un an et demi, dans cette même chambre où nous sommes, pendant la soirée du 24 août, Votre Majesté m'avait promis, parlant à moi-même, de nous faire justice du meurtrier;

or, comme il s'était depuis ce temps passé de graves évènements, j'ai pensé que le roi avait été malgré lui détourné de ses désirs. Et voyant Maurevel à ma portée, j'ai cru que c'était le ciel qui me l envoyait. Votre Majesté sait le reste, Sire : j'ai frappé sur lui comme sur un assassin et tiré sur ses hommes comme sur des bandits.

Charles ne répondit rien ; son amitié pour Henri lui avait fait voir depuis quelque temps bien des choses sous un autre point de vue que celui où il les avait envisagées d'abord, et plus d'une fois avec terreur.

La reine mère, à propos de la Saint Barthélemy, avait enregistré dans sa mémoire des propos sortis de la bouche de son fils, et qui ressemblaient à des remords.

— Mais, dit Catherine, que veniez-vous faire à une pareille heure chez le roi de Navarre ?

— Oh! répondit de Mouy, c'est toute une histoire bien longue à raconter; mais si cependant Sa Majesté a la patience de l'entendre...

— Oui, dit Charles, parlez donc, je le veux.

— J'obéirai, Sire, dit de Mouy en s'inclinant.

Catherine s'assit en fixant sur le jeune chef un regard inquiet.

— Nous écoutons, dit Charles. Ici, Actéon.

Le chien reprit la place qu'il occupait avant que le prisonnier n'eût été introduit.

— Sire, dit de Mouy, j'étais venu chez Sa Majesté le roi de Navarre comme député de nos frères, vos fidèles sujets de la religion.

Catherine fit un signe à Charles IX.

— Soyez tranquille, ma mère, dit celui-ci, je ne perds pas un mot. Continuez, Monsieur de Mouy, continuez: pourquoi étiez-vous venu?

— Pour prévenir le roi de Navarre, continua de Mouy, que son abjuration lui avait fait perdre la confiance du parti huguenot; mais que cependant, en souvenir de son père, Antoine de Bourbon, et surtout en mémoire de sa mère, la courageuse Jeanne d'Albret, dont le nom est cher parmi nous, ceux de la religion lui devaient cette marque de déférence de le prier de se désister de ses droits à la couronne de Navarre.

— Que dit-il? s'écria Catherine, ne pouvant, malgré sa puissance sur elle-même, recevoir sans crier un peu le coup inattendu qui la frappait.

— Ah! ah! fit Charles; mais cette couronne de Navarre, qu'on fait ainsi sans ma permission voltiger sur toutes les têtes, il me semble cependant qu'elle m'appartient un peu.

— Les huguenots, Sire, reconnaissent mieux que personne ce principe de suzeraineté que le roi vient d'émettre. Aussi espéraient ils engager Votre Majesté à la fixer sur une tête qui lui est chère.

— A moi! dit Charles, sur une tête qui m'est chère! Mort-diable! de quelle tête voulez-vous donc parler, Monsieur? Je ne vous comprends pas.

— De la tête de M. le duc d'Alençon.

Catherine devint pâle comme la mort, et dévora de Mouy d'un regard flamboyant.

— Et mon frère d'Alençon le savait?

— Oui, Sire.

— Et il acceptait cette couronne?

— Sauf l'agrément de Votre Majesté, à laquelle il nous renvoyait.

— Oh! oh! dit Charles, en effet, c'est une couronne qui ira à merveille à notre frère

d'Alençon. Et moi qui n'y avais pas songé!
Merci de Mouy, merci! Quand vous aurez
des idées semblables, vous serez le bien-venu
au Louvre.

— Sire, vous seriez instruit depuis longtemps de tout ce projet, sans cette malheureuse affaire de Maurevel, qui m'a fait craindre d'être tombé dans la disgrâce de Votre Majesté.

— Oui, mais, fit Catherine, que disait Henri de ce projet?

— Le roi de Navarre, Madame, se soumettait au désir de ses frères, et sa renonciation était prête.

— En ce cas, s'écria Catherine, cette renonciation, vous devez l'avoir?

— En effet, Madame, dit de Mouy, par hasard, je l'ai sur moi, signée de lui et datée.

— D'une date antérieure à la scène du Louvre? dit Catherine.

— Oui, de la veille, je crois.

Et M. de Mouy tira de sa poche une renonciation en faveur du duc d'Alençon, écrite, signée de la main de Henri, et portant la date indiquée.

— Ma foi, oui, dit Charles, et tout est bien en règle.

— Et que demandait Henri en échange de cette renonciation?

— Rien, Madame, l'amitié du roi Charles, nous a-t-il dit, le dédommagerait amplement de la perte d'une couronne.

Catherine mordit ses lèvres de colère et tordit ses belles mains.

— Tout cela est parfaitement exact, de Mouy, ajouta le roi.

— Alors, reprit la reine-mère, si tout était **arrêté** entre vous et le roi de Navarre, à quelle fin l'entrevue que vous avez eue ce soir avec lui?

— Moi, Madame, avec le roi de Navarre? dit de Mouy. M. de Nancey, qui m'a arrêté, fera foi que j'étais seul. Votre Majesté peut l'appeler.

— Monsieur de Nancey? dit le roi.

Le capitaine des gardes reparut.

— Monsieur de Nancey, dit vivement Catherine, M. de Mouy était-il tout-à-fait seul à l'auberge de la Belle-Étoile?

— Dans la chambre, oui, Madame; mais dans l'auberge, non.

— Ah! dit Catherine; quel était son compagnon?

— Je ne sais si c'était le compagnon de M. de Mouy, Madame; mais je sais qu'il s'est échappé par une porte de derrière, après avoir couché sur le carreau deux de mes gardes.

— Et vous avez reconnu ce gentilhomme, sans doute?

— Non, pas moi, mais mes gardes.

— Et quel était-il? demanda Charles IX.

— M. le comte Annibal de Coconnas.

— Annibal de Coconnas! répéta le roi assombri et rêveur, celui qui a fait un si terrible massacre des huguenots pendant la Saint-Barthélemy?

— M. de Coconnas, gentilhomme de M. d'Alençon, dit M. de Nancey.

— C'est bien, c'est bien, dit Charles IX; retirez-vous, Monsieur de Nancey, et une autre fois, souvenez-vous d'une chose...

— De laquelle, Sire?

— C'est que vous êtes à mon service, et que vous ne devez obéir qu'à moi.

M. de Nancey se retira à reculons en saluant respectueusement.

De Mouy envoya un sourire ironique à Catherine.

Il se fit un silence d'un instant. La reine tordait les ganses de sa cordelière. Charles caressait son chien.

— Mais quel était votre but, Monsieur? continua Charles. Agissiez-vous violemment?

— Contre qui? Sire.

— Mais contre Henri, contre François ou contre moi.

— Sire, nous avions la renonciation de votre beau-frère, l'agrément de votre frère; et, comme j'ai eu l'honneur de vous le dire, nous étions sur le point de solliciter l'autorisation de Votre Majesté, lorsqu'est arrivée cette fatale affaire du Louvre.

— Eh bien! ma mère, dit Charles, je ne vois aucun mal à tout cela. Vous étiez dans votre droit, Monsieur de Mouy, en demandant un roi. Oui, la Navarre peut être et doit être un royaume séparé. Il y a plus, ce royaume semble fait exprès pour doter mon frère d'Alençon, qui a toujours eu si grande envie d'une couronne, que lorsque nous portons la nôtre il ne peut détourner les yeux de dessus elle. La seule chose qui s'opposait à cette intronisation, c'était le droit de Henriot ; mais puisque Henriot y renonce volontairement...

— Volontairement, Sire.

— Il paraît que c'est la volonté de Dieu ! Monsieur de Mouy, vous êtes libre de retourner vers vos frères, que j'ai châtiés... un peu rudement, peut-être ; mais ceci est une affaire entre moi et Dieu : et dites-leur que, puisqu'ils désirent pour roi de Navarre mon frère d'Alençon, le roi de France se rend à leurs désirs. A partir de ce moment, la Navarre est un royaume, et son souverain s'appelle François. Je ne demande que huit jours pour que mon frère quitte Paris avec l'éclat et la pompe qui conviennent à un roi. — Allez, Monsieur de Mouy, allez!... Monsieur de Nancey, laissez passer M. de Mouy, il est libre.

— Sire, dit de Mouy en faisant un pas en avant, Votre Majesté permet-elle?

— Oui, dit le roi.

Et il tendit la main au jeune huguenot.

De Mouy mit un genou en terre et baisa la main du roi.

— A propos, dit Charles en le retenant au moment où il allait se relever, ne m'aviez-vous pas demandé justice de ce brigand de Maurevel?

— Oui, Sire.

— Je ne sais où il est, pour vous la faire,

car il se cache; mais si vous le rencontrez faites-vous justice vous-même, je vous y autorise, et de grand cœur.

— Ah! sire, s'écria de Mouy, voilà qui me comble véritablement; que Votre Majesté s'en rapporte à moi; je ne sais non plus où il est, mais je le trouverai, soyez tranquille.

— Et de Mouy, après avoir respectueusement salué le roi Charles et la reine Catherine, se retira sans que les gardes qui l'avaient amené missent aucun empêchement à sa sortie. Il traversa les corridors, gagna rapidement le guichet et une fois dehors ne fit qu'un bond de la place de Saint-Germain-l'Auxerrois à l'auberge de la Belle-Étoile, où il retrouva son cheval, grâce auquel, trois heures après la scène que nous venons de raconter, le jeune homme respirait en sûreté derrière les murailles de Mantes.

Catherine, dévorant sa colère, regagna son appartement, d'où elle passa dans celui de Marguerite.

Elle y trouva Henri en robe de chambre et qui paraissait prêt à se mettre au lit.

— Satan, murmura-t-elle, aide une pauvre reine pour qui Dieu ne veut plus rien faire !

VI

Deux têtes pour une couronne.

— Qu'on prie M. d'Alençon de me venir voir, avait dit Charles en congédiant sa mère.

M. de Nancey, disposé d'après l'invitation du roi à n'obéir désormais qu'à lui-même, ne fit qu'un bond de chez Charles chez son frère, lui transmettant sans adoucissement aucun l'ordre qu'il venait de recevoir.

Le duc d'Alençon tressaillit : en tout temps il avait tremblé devant Charles, et à bien plus forte raison encore depuis qu'il s'était fait, en conspirant, des motifs de le craindre.

Il ne s'en rendit pas moins près de son frère avec un empressement calculé.

Charles était debout et sifflait entre ses dents un hallali sur pied.

En entrant, le duc d'Alençon surprit dans l'œil vitreux de Charles un de ces regards envenimés de haine qu'il connaissait si bien.

— Votre Majesté m'a fait demander, me voici, Sire, dit-il. Que désire de moi Votre Majesté ?

— Je désire vous dire, mon bon frère, que pour récompenser cette grande amitié que vous me portez, je suis décidé à faire aujourd'hui pour vous la chose que vous désirez la plus.

— Pour moi ?

— Oui, pour vous. Cherchez dans votre esprit quelle chose vous rêvez depuis quelque temps sans oser me la demander; et cette chose, je vous la donne.

— Sire, dit François, j'en jure à mon frère, je ne désire rien que la continuation de la bonne santé du roi.

— Alors vous devez être satisfait, d'Alençon, l'indisposition que j'ai éprouvée à l'époque de l'arrivée des Polonais est passée. J'ai échappé, grâce à Henriot, à un sanglier furieux qui voulait me découdre, et je me porte de façon à n'avoir rien à envier au mieux portant de mon royaume; vous pouviez donc sans être mauvais frère désirer autre chose que la continuation de ma santé, qui est excellente.

— Je ne désirais rien, Sire.

— Si fait, si fait, François, reprit Charles s'impatientant; vous désirez la couronne de Navarre, puisque vous vous êtes entendu avec Henriot et de Mouy : avec le premier pour qu'il y renonçât, avec le second pour qu'il vous la fit avoir. Hé bien! Henriot y renonce! Demouy m'a transmis votre demande, et cette couronne que vous ambitionnez...

— Eh bien! demanda d'Alençon d'une voix tremblante.

— Eh bien! mort-diable! elle est à vous.

D'Alençon pâlit affreusement; puis tout à coup le sang appelé à son cœur, qu'il faillit briser, reflua vers les extrémités, et une rougeur ardente lui brûla les joues; la faveur que lui faisait le roi le désespérait en un pareil moment.

— Mais, Sire, reprit-il tout palpitant
d'émotion, et cherchant vainement à se remettre, je n'ai rien désiré et surtout rien
demandé de pareil.

— C'est possible, dit le roi, car vous
êtes fort discret, mon frère; mais on a
désiré, on a demandé pour vous, mon
frère.

— Sire, je vous jure que jamais...

— Ne jurez pas Dieu.

— Mais, Sire, vous m'exilez donc?

— Vous appelez ça un exil, François?
Peste! vous êtes difficile... Qu'espériez-vous
donc de mieux?

D'Alençon se mordit les lèvres de désespoir.

— Ma foi! continua Charles en affectant
la bonhomie, je vous croyais moins populaire, François, et surtout près des hugue-
ots; mais il vous demandent, il faut bien

que je m'avoue à moi-même que je me trompais. D'ailleurs, je ne pouvais rien désirer de mieux que d'avoir un homme à moi, mon frère qui m'aime et qui est incapable de me trahir, à la tête d'un parti qui depuis trente ans nous fait la guerre. Cela va tout calmer comme par enchantement, sans compter que nous serons tous rois dans la famille. Il n'y aura que le pauvre Henriot qui ne sera rien que mon ami. Mais il n'est point ambitieux, et ce titre, que personne ne réclame, il le prendra, lui.

— Oh! Sire, vous vous trompez, ce titre, je le réclame... ce titre, qui donc y a plus de droit que moi? Henri n'est que votre beau-frère par alliance; moi, je suis votre frère par le sang et surtout par le cœur... Sire, je vous en supplie, gardez-moi près de vous.

— Non pas, non pas, François, répondit Charles ; ce serait faire votre malheur.

— Comment cela ?

— Pour mille raisons.

— Mais voyez donc un peu, Sire, si vous trouverez jamais un compagnon si fidèle que je le suis. Depuis mon enfance, je n'ai jamais quitté Votre Majesté.

— Je le sais bien, je le sais bien, et quelquefois même je vous aurais voulu plus loin.

— Que veut dire le roi ?

— Rien, rien... je m'entends... Oh ! que vous aurez de belles chasses là-bas ! François, que je vous porte envie ! Savez-vous qu'on chasse l'ours dans ces diables de montagnes comme on chasse ici le sanglier ? Vous allez nous entretenir tous de peaux magnifiques. Cela se chasse au poignard, vous savez ; on attend l'animal, on l'excite, on l'irrite; il marche au chasseur, et, à quatre pas de lui, il se dresse sur ses pattes de derrière. C'est à ce moment-là qu'on lui enfonce l'acier dans le cœur, comme Henri a fait pour le sanglier à la dernière chasse. C'est dangereux; mais vous êtes brave, François, et ce danger sera pour vous un vrai plaisir.

— Ah! Votre Majesté redouble mes chagrins, car je ne chasserai plus avec elle.

— Corbœuf! tant mieux! dit le roi, cela ne nous réussit ni à l'un ni à l'autre de chasser ensemble.

— Que veut dire Votre Majesté?

— Que chasser avec moi vous cause un tel plaisir et vous donne une telle émotion, que vous, qui êtes l'adresse en personne, que vous qui, avec la première arquebuse venue, abattez une pie à cent pas, vous avez la dernière fois que nous avons chassé de compagnie, avec votre arme, une arme qui vous est familière, manqué à vingt pas un gros sanglier, et cassé par contre la jambe de mon meilleur cheval. Mort-diable! François, cela donne à songer, savez-vous!

— Oh! Sire, pardonnez à l'émotion, dit d'Alençon devenu livide.

— Eh! oui, reprit Charles, l'émotion, je le sais bien, et c'est à cause de cette émotion, que j'apprécie à sa juste valeur, que je vous dis : — Croyez-moi, François, mieux vaut chasser loin l'un de l'autre, surtout quand on a des émotions pareilles. Réfléchissez à cela, mon frère, non pas en ma présence, ma présence vous trouble, je le vois, mais quand vous serez seul, et vous conviendrez que j'ai tout lieu de craindre qu'à une nouvelle chasse une autre émotion vienne à vous prendre, car alors, il n'y a rien qui fasse relever la main comme l'émotion, car alors vous tueriez le cavalier au lieu du cheval, le roi au lieu de la bête. Peste! une balle placée trop haut ou trop bas, cela change fort la face d'un gouvernement, et nous en avons un exemple dans notre famille. Quand Montgommery a tué notre père Henri II par accident, par émotion peut-être, le coup a porté notre frère François II sur le trône et notre père Henri à Saint-Denis. Il faut si peu de chose à Dieu pour faire beaucoup!

Le duc sentit la sueur ruisseler sur son front pendant ce choc aussi redoutable qu'imprévu. Il était impossible que le roi dit plus clairement à son frère qu'il avait tout deviné. Charles, voilant sa colère sous une ombre de plaisanterie, était peut-être plus terrible encore que s'il eût laissé la lave haineuse qui lui dévorait le cœur, se répandre bouillante au dehors ; sa vengeance paraissait proportionnée à sa rancune. A mesure que l'une s'aigrissait, l'autre grandissait, et pour la première fois d'Alençon connut le remords, ou plutôt le regret d'avoir conçu un crime qui n'avait pas réussi.

Il avait soutenu la lutte tant qu'il avait pu, mais sous ce dernier coup il plia la tête, et Charles vit poindre dans ses yeux cette flamme dévorante qui, chez les êtres d'une nature tendre, creusent le sillon par où jaillissent les larmes.

Mais d'Alençon était de ceux-là qui ne pleurent que de rage.

Charles tenait fixé sur lui son œil de vautour, aspirant pour ainsi dire chacune des sensations qui se succédaient dans le cœur du jeune homme. Et toutes ces sensations lui apparaissaient aussi précises, grâce à cette étude approfondie qu'il avait faite de sa famille, que si le cœur du duc eût été un livre ouvert.

Il le laissa ainsi un instant écrasé, immobile et muet : puis d'une voix tout empreinte de haineuse fermeté :

— Mon frère, dit-il, nous vous avons dit notre résolution, et notre résolution est immuable : vous partirez.

D'Alençon fit un mouvement. Charles ne parut pas le remarquer et continua : — Je veux que la Navarre soit fière d'avoir pour prince un frère du roi de France. Or, pouvoir, honneur, vous aurez tout ce qui convient à votre naissance, comme votre frère Henri l'a eu, et comme lui, ajouta-t-il en souriant, vous me bénirez de loin. Mais n'importe, les bénédictions ne connaissent pas la distance.

— Sire...

— Acceptez, ou plutôt résignez-vous. Une fois roi, on vous trouvera une femme digne d'un fils de France. Qui sait! qui vous apportera un autre trône peut-être.

— Mais, dit le duc d'Alençon, Votre Majesté oublie son bon ami Henri.

— Henri! mais puisque je vous ai dit qu'il n'en voulait pas, du trône de Navarre! Puisque je vous ai déjà dit qu'il vous l'abandonnait! Henri est un joyeux garçon et non pas une face pâle comme vous. Il veut rire et s'amuser à son aise, et non sécher comme nous sommes condamnés à le faire, nous, sous des couronnes.

D'Alençon poussa un soupir.

— Mais, dit-il, Votre Majesté m'ordonne donc de m'occuper...

— Non pas, non pas. Ne vous inquiétez de rien, François, je réglerai tout moi-même;

reposez-vous sur moi, comme sur un bon frère. Et maintenant, que tout est convenu, allez; dites ou ne dites pas notre entretien à vos amis : je veux prendre des mesures pour que la chose devienne bientôt publique. Allez, François.

Il n'y avait rien à répondre. Le duc salua et partit la rage dans le cœur.

Il brûlait de trouver Henri pour causer avec lui de tout ce qui venait de se passer; mais il ne trouva que Catherine : en effet, Henri fuyait l'entretien et la reine-mère le recherchait.

Le duc, en voyant Catherine, étouffa aussitôt ses douleurs et essaya de sourire. Moins heureux que Henri d'Anjou, ce n'était pas une mère qu'il cherchait dans Catherine, mais simplement une alliée. Il commençait donc par dissimuler avec elle, car, pour faire de bonnes alliances, il faut bien se tromper un peu mutuellement.

Il aborda donc Catherine avec un visage où ne restait plus qu'une légère trace d'inquiétude.

—Hé bien! Madame, dit-il, voilà de grandes nouvelles; les savez-vous?

—Je sais qu'il s'agit de faire un roi de vous, Monsieur.

—C'est une grande bonté de la part de mon frère, Madame.

—N'est-ce pas?

—Et je suis presque tenté de croire que je dois reporter sur vous une partie de ma reconnaissance; car enfin, si c'était vous qui lui eussiez donné le conseil de me faire don d'un trône, ce trône, c'est à vous que je le devrais : quoique j'avoue au fond qu'il m'a fait peine de dépouiller ainsi le roi de Navarre.

— Vous aimez fort Henriot, mon fils? à ce qu'il paraît.

— Mais oui ; depuis quelque temps nous nous sommes intimement liés.

— Croyez-vous qu'il vous aime autant que vous l'aimez vous-même?

— Je l'espère, Madame.

— C'est édifiant une pareille amitié, savez-vous, surtout entre princes. Les amitiés de cour passent pour peu solides, mon cher François.

— Ma mère, songez que nous sommes non-seulement amis, mais encore presque frères.

Catherine sourit d'un étrange sourire.

— Bon! dit-elle, est-ce qu'il y a des frères entre rois!

— Oh! quant à cela, nous n'étions rois ni l'un ni l'autre, ma mère, quand nous nous sommes liés ainsi ; nous ne devions même jamais l'être; voilà pourquoi nous nous aimions.

— Oui, mais les choses sont bien changées à cette heure.

— Comment, bien changées?

— Oui, sans doute; qui vous dit maintenant que vous ne serez pas tous deux rois?

Au tressaillement nerveux du duc, à la rougeur qui envahit son front, Catherine vit que le coup lancé par elle avait porté en plein cœur.

— Lui? dit-il, Henriot roi? et de quel royaume, ma mère?

— D'un des plus magnifiques de la chrétienté, mon fils.

— Ah! ma mère, fit d'Alençon en pâlissant, que dites-vous donc là?

— Ce qu'une bonne mère doit dire à son

fils, ce à quoi vous avez plus d'une fois songé, François.

— Moi? dit le duc, je n'ai songé à rien, Madame, je vous jure.

— Je veux bien vous croire; car votre ami, car votre frère Henri, comme vous l'appelez, est, sous sa franchise apparente, un seigneur fort habile et fort rusé, qui garde ses secrets mieux que vous ne gardez les vôtres, François. Par exemple, vous a-t-il jamais dit que de Mouy fût son homme d'affaires?

Et, en disant ces mots, Catherine plongea son regard comme un stylet dans l'âme de François.

Mais celui-ci n'avait qu'une vertu, ou plutôt qu'un vice : la dissimulation; il supporta donc parfaitement ce regard.

— De Mouy! dit-il avec surprise, et comme si ce nom était prononcé pour la première fois devant lui en pareille circonstance.

— Oui, le huguenot de Mouy de Saint-Phale, celui-là même qui a failli tuer M. de Maurevel, et qui, clandestinement et en courant la France et la capitale sous des habits différents, intrigue et lève une armée pour soutenir votre frère Henri contre votre famille ?

Catherine, qui ignorait que sous ce rapport son fils François en sût autant et même plus qu'elle, se leva sur ces mots, s'apprêtant à faire une majestueuse sortie.

François la retint.

— Ma mère, dit-il, encore un mot, s'il vous plaît. Puisque vous daignez m'initier à votre politique, dites-moi comment, avec de si faibles ressources et si peu connu qu'il est, Henri parviendrait-il à faire une guerre assez sérieuse pour inquiéter ma famille?

— Enfant, dit la reine en souriant, sachez donc qu'il est soutenu par plus de trente mille hommes peut-être, que le jour où il dira un mot, ces trente mille hommes apparaîtront tout à coup comme s'ils sortaient de terre, et ces trente mille hommes ce sont des huguenots, songez-y, c'est-à-dire les plus braves soldats du monde. Et puis, et puis, il a une protection que vous n'avez pas su, ou pas voulu vous concilier, vous.

— Laquelle?

— Il a le roi, le roi qui l'aime, qui le pousse; le roi qui, par jalousie contre votre frère de Pologne et par dépit contre vous, cherche autour de lui des successeurs. Seulement, aveugle que vous êtes si vous ne le voyez pas, il les cherche autre part que dans sa famille.

— Le roi !... vous croyez, ma mère ?

— Ne vous êtes-vous donc pas aperçu qu'il chérit Henriot, son Henriot ?

— Si fait, ma mère, si fait.

— Et qu'il en est payé de retour; car ce même Henriot, oubliant que son beau-frère le voulait arquebuser le jour de la Saint-Barthélemy, se couche à plat ventre comme un chien qui lèche la main dont il a été battu.

— Oui, oui, murmura François, je l'ai déjà remarqué, Henri est bien humble avec mon frère Charles.

— Ingénieux à lui complaire en toute chose.

— Au point que, dépité d'être toujours raillé par le roi sur son ignorance de la chasse au faucon, il veut se mettre à..... Si bien qu'hier, il m'a demandé, oui, pas plus tard qu'hier, si je n'avais point quelques bons livres qui traitassent de cet art.

— Attendez donc, dit Catherine, dont les yeux étincelèrent comme si une idée subite lui traversait l'esprit; attendez donc... et que lui avez-vous répondu?

— Que je chercherais dans ma bibliotèque.

— Bien, dit Catherine, bien, il faut qu'il l'ait, ce livre.

— Mais j'ai cherché, Madame, et n'ai rien trouvé.

— Je trouverai, moi, je trouverai... et vous lui donnerez le livre comme s'il venait de vous.

— Et qu'en résultera-t-il?

— Avez-vous confiance en moi, d'Alençon?

— Oui, ma mère.

— Voulez-vous m'obéir aveuglément à

l'égard de Henri, que vous n'aimez pas, quoi que vous en disiez?

D'Alençon sourit.

— Et que je déteste, moi, continua Catherine.

— Oui, j'obéirai.

— Après-demain, venez chercher le livre ici, je vous le donnerai, vous le porterez à Henri... et...

— Et...

— Laissez Dieu, la Providence ou le hasard faire le reste.

François connaissait assez sa mère pour savoir qu'elle ne s'en rapportait point d'habitude à Dieu, à la Providence ou au hasard du soin de servir ses amitiés ou ses haines, mais il se garda d'ajouter un seul mot, et saluant en homme qui accepte la commission dont on le charge, il se retira chez lui.

— Que veut-elle dire, pensa le jeune homme en montant l'escalier, je n'en sais rien. Mais ce qu'il y a de clair pour moi dans tout ceci, c'est qu'elle agit contre un ennemi commun. Laissons-la faire.

Pendant ce temps, Marguerite, par l'intermédiaire de La Mole, recevait une lettre de de Mouy. Comme en politique les deux illustres conjoints n'avaient point de secret, elle décacheta cette lettre et la lut.

Sans doute cette lettre lui parut intéressante, car à l'instant même, Marguerite, profitant de l'obscurité qui commençait à descendre le long des murailles du Louvre, se glissa dans le passage secret, monta l'escalier tournant, et après avoir regardé de tous côtés avec attention s'élança rapide comme une ombre, et disparut dans l'antichambre du roi de Navarre.

Cette antichambre n'était plus gardée par personne depuis la disparition d'Orthon.

Cette disparition, dont nous n'avons point parlé depuis le moment où le lecteur l'a vu s'opérer d'une façon si tragique pour le pauvre Orthon, avait fort inquiété Henri. Il s'en était ouvert à madame de Sauve et à sa femme, mais ni l'une ni l'autre n'était plus instruite que lui; seulement, madame de Sauve lui avait donné quelques renseignements à la suite desquels il était demeuré parfaitement clair à l'esprit de Henri que le pauvre enfant avait été victime de quelque machination de la reine-mère, et que c'était à la suite de cette machination qu'il avait failli, lui, être arrêté avec de Mouy dans l'auberge de la Belle-Étoile.

Un autre que Henri eût gardé le silence,

car il n'eût rien osé dire ; mais Henri calculait tout : il comprit que son silence le trahirait : d'ordinaire, on ne perd pas ainsi un de ses serviteurs, un de ses confidents sans s'informer de lui, sans faire des recherches. Henri s'informa donc, rechercha donc, en présence du roi et de la reine-mère elle-même ; il demanda Orthon à tout le monde, depuis la sentinelle qui se promenait devant le guichet du Louvre, jusqu'au capitaine des gardes qui veillait dans l'antichambre du roi ; mais toute demande et toute démarche furent inutiles ; et Henri parut si ostensiblement affecté de cet évènement, et si attaché au pauvre serviteur absent, qu'il déclara qu'il ne le remplacerait que lorsqu'il aurait acquis la certitude qu'il avait disparu pour toujours.

L'antichambre, comme nous l'avons dit,

était donc vide lorsque Marguerite se présenta chez Henri.

Si légers que fussent les pas de la reine, Henri les entendit et se retourna.

— Vous, Madame! s'écria-t-il.

— Oui, répondit Marguerite. Lisez vite.

Et elle lui présenta le papier tout ouvert.

Il contenait ces quelques lignes ;

« Sire, le moment est venu de mettre notre projet de fuite à exécution. Après demain il y a chasse au vol le long de la Seine, depuis Saint-Germain jusqu'à Maisons, c'est-à-dire dans toute la longueur de la forêt.

« Allez à cette chasse, quoique ce soit une chasse au vol; prenez sous votre habit une bonne chemise de mailles; ceignez votre meilleure épée; montez le plus fin cheval de votre écurie.

« Vers midi, c'est-à-dire au plus fort de la chasse et quand le roi sera lancé à la suite du faucon, dérobez-vous seul si vous venez seul, avec la reine de Navarre si la reine vous suit.

« Cinquante des nôtres seront cachés au pavillon de François Ier, dont nous avons la clé; tout le monde ignorera qui ils sont, car ils y sont venus de nuit et les jalousies en seront fermées.

« Vous passerez par l'allée des Violettes, au bout de laquelle je veillerai; à droite de cette allée, dans une petite clairière, seront MM. de La Mole et Coconnas avec deux chevaux de main. Ces chevaux frais seront destinés à remplacer le vôtre et celui de Sa Majesté la reine de Navarre, si par hasard ils étaient fatigués.

« Adieu, Sire; soyez prêt, nous le serons. »

— Vous le serez, dit Marguerite, prononçant après seize cents ans les mêmes paroles que César avait prononcées sur les bords du Rubicon.

— Soit, Madame, répondit Henri, ce n'est pas moi qui vous démentirai.

— Allons, Sire, devenez un héros; ce n'est pas difficile; vous n'avez qu'à suivre votre route; et faites-moi un beau trône, dit la fille de Henri II.

Un imperceptible sourire effleura la lèvre fine du Béarnais. Il baisa la main de Marguerite et sortit le premier, pour explorer le passage, tout en fredonnant le refrain d'une vieille chanson :

> Cil qui mieux battit la muraille,
> N'entra point dedans le chasteau.

La précaution n'était pas mauvaise : au moment où il ouvrait la porte de sa chambre à coucher, le duc d'Alençon ouvrait celle de son antichambre; il fit de la main un signe à Marguerite, puis tout haut :

— Ah! c'est vous, mon frère, dit-il, soyez le bienvenu.

Au signe de son mari, la reine avait tout compris et s'était jetée dans un cabinet de toilette, devant la porte duquel pendait une épaisse tapisserie.

Le duc d'Alençon entra d'un pas craintif et en regardant tout autour de lui.

— Sommes-nous seuls, mon frère? demanda-t-il à demi-voix.

— Parfaitement seuls. Qu'y a-t-il donc? vous paraissez tout bouleversé.

— Il y a que nous sommes découverts, Henri.

— Comment! découverts?

— Oui, de Mouy a été arrêté.

— Je le sais.

Eh bien ! de Mouy a tout dit au roi.

— Qu'a-t-il dit ?

— Il a dit que je désirais le trône de Navarre, et que je conspirais pour l'obtenir.

— Ah! pécaïre! dit Henri, de sorte que vous voilà compromis, mon pauvre frère ! Comment alors n'êtes-vous pas encore arrêté ?

— Je n'en sais rien moi-même; le roi m'a raillé en faisant semblant de m'offrir le trône de Navarre. Il espérait, sans doute, me tirer un aveu du cœur ; mais je n'ai rien dit.

— Et vous avez bien fait, ventre-saint-gris! dit le Béarnais, tenons ferme, notre vie à tous les deux en dépend.

— Oui, reprit François, le cas est épineux ; voici pourquoi je suis venu vous demander votre avis, mon frère ; que croyez-vous que je doive faire : **fuir ou rester** ?

— Vous avez vu le roi, puisque c'est à vous qu'il a parlé ?

— Oui, sans doute.

— Eh bien! vous avez dû lire dans sa pensée ! Suivez votre inspiration.

— J'aimerais mieux rester, répondit François.

Si maître qu'il fût de lui-même, Henri laissa échapper un mouvement de joie; si imperceptible que fût ce mouvement, François le surprit au passage.

— Restez alors, dit Henri.

— Mais vous?

— Dame ! répondit Henri, si vous restez, je n'ai aucun motif de m'en aller, moi. Je ne partais que pour vous suivre, par dévoûment, pour ne pas quitter un frère que j'aime.

— Ainsi, dit d'Alençon, c'en est fait de tous nos plans ; vous vous abandonnez sans lutte au premier entraînement de la mauvaise fortune.

— Moi, dit Henri, je ne regarde pas comme une mauvaise fortune de demeurer ici ; grâce à mon caractère insoucieux, je me trouve bien partout.

— Eh bien, soit! dit d'Alençon, n'en parlons plus ; seulement, si vous prenez quelque résolution nouvelle, faites-la moi savoir.

— Corbleu! je n'y manquerai pas, croyez-le bien, répondit Henri. N'est-il pas convenu que nous n'avons pas de secrets l'un pour l'autre?

D'Alençon n'insista point davantage et se retira tout pensif, car, à un certain moment, il avait cru voir trembler la tapisserie du cabinet de toilette.

En effet, à peine d'Alençon était-il sorti que cette tapisserie se souléva et que Marguerite reparut.

— Que pensez-vous de cette visite? demanda Henri.

— Qu'il y a quelque chose de nouveau et d'important.

— Et que croyez-vous qu'il y ait?

— Je n'en sais rien encore; mais je le saurai.

— En attendant?

— En attendant, ne manquez pas de venir chez moi demain soir.

— Je n'aurai garde d'y manquer, Madame! dit Henri en baisant galamment la main de sa femme.

Et avec les mêmes précautions qu'elle en était sortie, Marguerite rentra chez elle.

VIII

Le livre de vénerie.

Trente-six heures s'étaient écoulées depuis les évènements que nous venons de raconter. Le jour commençait à paraître, mais tout était déjà éveillé au Louvre, comme c'était l'habitude les jours de chasse, lorsque le duc d'Alençon se rendit chez la reine-mère, selon l'invitation qu'il en avait reçue.

La reine-mère n'était point dans sa chambre à coucher ; mais elle avait ordonné qu'on le fît attendre, s'il venait.

Au bout de quelques instants elle sortit d'un cabinet secret où personne n'entrait qu'elle, et où elle se retirait pour faire ses opérations chimiques.

Soit par la porte entr'ouverte, soit attachée à ses vêtements, entra en même temps que la reine-mère l'odeur pénétrante d'un âcre parfum, et par l'ouverture de la porte, d'Alençon remarqua une vapeur épaisse, comme celle d'un aromate brûlé, qui flottait en blanc nuage dans ce laboratoire que quittait la reine.

Le duc ne put réprimer un regard de curiosité.

— Oui, dit Catherine de Médicis, oui, j'ai brûlé quelques vieux parchemins, et ces parchemins exhalaient une si puante odeur, que j'ai jeté du genièvre sur le brasier : de là cette odeur.

D'Alençon s'inclina.

— Eh bien, dit Catherine en cachant dans les larges manches de sa robe de chambre ses mains, que de légères taches d'un jaune rougeâtre diapraient çà et là, qu'avez-vous de nouveau depuis hier ?

— Rien, ma mère.

— Avez-vous revu Henri ?

— Oui.

— Il refuse toujours de partir ?

— Absolument.

— Le fourbe !

— Que dites-vous, Madame ?

— Je dis qu'il part.

— Vous croyez ?

— J'en suis sûre.

— Alors, il nous échappe ?

— Oui, dit Catherine.

— Et vous le laissez partir ?

— Non-seulement je le laisse partir ; mais je vous dis plus, il faut qu'il parte.

— Je ne vous comprends pas, ma mère.

— Écoutez bien ce que je vais vous dire, François. Un médecin très habile, le même qui m'a remis le livre de chasse que vous allez lui porter, m'a affirmé que le roi de Navarre était sur le point d'être atteint d'une maladie de consomption, d'une de ces maladies qui ne pardonnent pas et auxquelles la science ne peut apporter aucun remède. Or, vous comprenez que s'il doit mourir d'un mal si cruel, il vaut mieux qu'il meure loin de nous que sous nos yeux à la cour.

— En effet, dit le duc, cela nous ferait trop de peine.

— Et surtout à votre frère Charles, dit

Catherine; tandis que lorsque Henri mourra après lui avoir désobéi, le roi regardera cette mort comme une punition du ciel.

— Vous avez raison, ma mère, dit François avec admiration, il faut qu'il parte. Mais êtes-vous bien sûre qu'il partira?

— Toutes ses mesures sont prises. Le rendez-vous est dans la forêt de Saint-Germain. Cinquante huguenots doivent lui servir d'escorte jusqu'à Fontainebleau, où cinq cents autres l'attendent.

— Et, dit d'Alençon avec une légère hésitation et une pâleur visible, ma sœur Margot part avec lui?

— Oui, répondit Catherine, c'est convenu. Mais, Henri mort, Margot revient à la cour, veuve et libre.

— Et Henri mourra, Madame! vous en êtes certaine?

— Le médecin qui m'a remis le livre en question me l'a assuré du moins.

— Et ce livre, où est-il, Madame?

Catherine retourna à pas lents vers le cabinet mystérieux, ouvrit la porte, s'y enfonça, et reparut un instant après, le livre à la main.

Le voici, dit-elle.

D'Alençon regarda le livre que lui présentait sa mère avec une certaine terreur.

— Qu'est-ce que ce livre, Madame? demanda en frissonnant le duc.

— Je vous l'ai déjà dit, mon fils, c'est un travail sur l'art d'élever et de dresser faucons, tiercelets et gerfauts, fait par un fort savant homme, par le seigneur Castruccio Castracani, tyran de Lucques.

— Et que dois-je en faire?

— Mais le porter chez votre bon ami

Henriot, qui vous l'a demandé, à ce que vous m'avez dit, lui ou quelque autre pareil, pour s'instruire dans la science de la volerie. Comme il chasse au vol aujourd'hui avec le roi, il ne manquera pas d'en lire quelques pages, afin de prouver au roi qu'il suit ses conseils en prenant des leçons. Le tout est de le remettre à lui-même.

— Oh! je n'oserai pas, dit d'Alençon en frissonnant.

— Pourquoi? dit Catherine, c'est un livre comme un autre, excepté qu il a été si longtemps renfermé que les pages sont collées les unes aux autres. N'essayez donc pas de le lire, vous, François, car on ne peut le lire qu'en mouillant son doigt et en poussant les pages feuille à feuille, ce qui prend beaucoup de temps et donne beaucoup de peine.

— Si bien qu'il n'y a qu'un homme qui

a le grand désir de s'instruire qui puisse perdre ce temps et prendre cette peine, dit d'Alençon.

— Justement, mon fils, vous comprenez.

— Oh! dit d'Alençon, voici déjà Henriot dans la cour; donnez, Madame, donnez. Je vais profiter de son absence pour porter ce livre chez lui : à son retour il le trouvera.

— J'aimerais mieux que vous le lui donnassiez à lui-même, François; ce serait plus sûr.

— Je vous ai déjà dit que je n'oserais point, Madame, reprit le duc.

— Allez-donc; mais au moins posez-le dans un endroit bien apparent.

— Ouvert... Y a-t-il inconvénient à ce qu'il soit ouvert?

— Non.

— Donnez alors.

D'Alençon prit d'une main tremblante le livre, que, d'une main ferme, Catherine étendait vers lui.

— Prenez, prenez, dit Catherine, il n'y a pas de danger puisque j'y touche; d'ailleurs vous avez des gants.

Cette précaution ne suffit pas à d'Alençon, qui enveloppa le livre dans son manteau.

— Hâtez-vous, dit Catherine, hâtez-vous, d'un moment à l'autre Henri peut remonter.

— Vous avez raison, Madame, j'y vais.

Et le duc sortit tout chancelant d'émotion.

Nous avons introduit plusieurs fois déjà le lecteur dans l'appartement du roi de Navarre, et nous l'avons fait assister aux séances qui s'y sont passées, joyeuses ou terribles, selon que souriait ou menaçait le génie protecteur du futur roi de France.

Mais jamais peut-être les murs souillés de sang par le meurtre, arrosés de vin par l'orgie, embaumés de parfums par l'amour, jamais ce coin du Louvre enfin n'avait vu apparaître un visage plus pâle que celui du duc d'Alençon ouvrant, son livre à la main, la porte de la chambre à coucher du roi de Navarre.

Et cependant, comme s'y attendait le duc, personne n'était dans cette chambre, pour interroger d'un œil curieux ou inquiet l'action qu'il allait commettre. Les premiers rayons du jour éclairaient l'appartement parfaitement vide.

A la muraille pendait toute prête cette épée que de Mouy avait conseillé à Henri d'emporter. Quelques chaînons d'une ceinture de mailles étaient épars sur le parquet

Une bourse honnêtement arrondie et un petit poignard étaient posés sur un meuble, et des cendres légères et flottantes encore dans la cheminée, jointes à ces autres indices, disaient clairement à d'Alençon que le roi de Navarre avait endossé une chemise de mailles, demandé de l'argent à son trésorier, et brûlé des papiers compromettants.

— Ma mère ne s'était pas trompée, dit d'Alençon, le fourbe me trahissait.

Sans doute cette conviction donna une nouvelle force au jeune homme, car après avoir sondé du regard tous les coins de la chambre, après avoir soulevé les tapisseries des portières, après qu'un grand bruit retentissant dans les cours et qu'un grand silence qui régnait dans l'appartement lui eut prouvé que personne ne songeait à l'espionner, il tira le livre de dessous son manteau, le posa rapidement sur la table où était la bourse, l'adossant à un pupitre de chêne sculpté ; puis, s'écartant aussitôt, il allongea le bras, et, avec une hésitation qui trahissait ses craintes, de sa main gantée il ouvrit le livre à l'endroit d'une gravure de chasse.

Le livre ouvert, d'Alençon fit aussitôt trois pas en arrière ; et retirant son gant, il le jeta dans le brasier encore ardent qui venait de dévorer les lettres. La peau souple cria sur les charbons, se tordit et s'étala comme le cadavre d'un large reptile, puis ne laissa plus bientôt qu'un résidu noir et crispé.

D'Alençon demeura jusqu'à ce que la flamme eût entièrement dévoré le gant, puis il roula le manteau qui avait enveloppé le livre, le jeta sous son bras, et regagna vivement sa chambre. Comme il y entrait, le cœur tout palpitant, il entendit des pas dans l'escalier tournant, et, ne doutant plus que ce fût Henri qui rentrait, il referma vivement sa porte.

Puis il s'élança vers la fenêtre; mais de la fenêtre on n'apercevait qu'une portion de la cour du Louvre. Henri n'était point dans cette portion de la cour, et sa conviction s'en affermit que c'était lui qui venait de rentrer.

Le duc s'assit, ouvrit un livre et essaya de lire. C'était une histoire de France depuis Pharamond jusqu'à Henri II, et pour laquelle, quelques jours après son avènement au trône, il avait donné privilège.

Mais l'esprit du duc n'était point là; la fièvre de l'attente brûlait ses artères. Les battements de ses tempes retentissaient jusqu'au fond de son cerveau; comme on voit dans un rêve ou dans une extase magnétique, il semblait à François qu'il voyait à travers les murailles ; son regard plongeait dans la chambre de Henri, malgré le triple obstacle qui le séparait de lui.

Pour écarter l'objet terrible qu'il croyait voir avec les yeux de la pensée, le duc essaya de fixer la sienne sur autre chose que sur le livre terrible ouvert sur le pupitre de bois de chêne à l'endroit de l'image; mais ce fut inutilement qu'il prit l'une après l'autre ses armes, l'un après l'autre ses joyaux, qu'il arpenta cent fois le même sillon du parquet, chaque détail de cette image, que le duc n'avait qu'entrevue cependant, lui était resté dans l'esprit. C'était un seigneur à cheval qui, remplissant lui-même l'office d'un valet de fauconnerie, lançait le leurre en rappelant le faucon et en courant au grand galop de son cheval dans les herbes d'un marécage. Si violente que fût la volonté du duc, le souvenir triomphait de sa volonté.

Puis, ce n'était pas seulement ce livre qu'il voyait, c'était le roi de Navarre s'approchant de ce livre, regardant cette image, essayant de tourner les pages, et, empêché par l'obstacle qu'elles opposaient, triomphant de l'obstacle en mouillant son pouce et en forçant les feuillets à glisser.

Et à cette vue, toute fictive et toute fantastique qu'elle était, d'Alençon, chancelant, était forcé de s'appuyer d'une main à un meuble, tandis que de l'autre il couvrait ses yeux, comme si, les yeux couverts, il ne voyait pas encore mieux le spectacle qu'il voulait fuir.

Ce spectacle était sa propre pensée.

Tout à coup d'Alençon vit Henri qui traversait la cour; celui-ci s'arrêta quelques instants devant des hommes qui entassaient sur deux mules des provisions de chasse qui n'étaient autres que de l'argent et des effets de voyage, puis, ses ordres donnés, il coupa diagonalement la cour, et s'achemina visiblement vers la porte d'entrée.

D'Alençon était immobile à sa place. Ce n'était donc pas Henri qui était monté par l'escalier secret. Toutes ces angoisses, qu'il éprouvait depuis un quart-d'heure, ils les avait donc éprouvées inutilement. Ce qu'il croyait fini, ou près de finir, était donc à recommencer.

D'Alençon ouvrit la porte de sa chambre, puis, tout en la tenant fermée, il alla écouter à celle du corridor. Cette fois, il n'y avait pas à s'y tromper, c'était bien Henri. D'Alençon reconnut son pas et jusqu'au bruit particulier de la molette de ses éperons.

La porte de l'appartement de Henri s'ouvrit et se referma.

D'Alençon rentra chez lui et tomba sur un fauteuil.

— Bon! se dit-il, voici ce qui se passe à cette heure : il a traversé l'antichambre, la première pièce, puis il est parvenu jusqu'à la chambre à coucher ; arrivé là, il aura cherché des yeux son épée, puis sa bourse, puis son poignard, puis enfin il aura trouvé le livre tout ouvert sur son dressoir.

— Quel est ce livre? se sera-t-il demandé; qui m'a apporté ce livre?

Puis il se sera rapproché, aura vu cette gravure représentant un cavalier rappelant son faucon, puis il aura voulu lire, puis il aura essayé de tourner les feuillets.

Une sueur froide passa sur le front de

François. — Va-t-il appeler? dit-il. Est-ce un poison d'un effet soudain? Non, non, sans doute, puisque ma mère m'a dit qu'il devait mourir lentement de consomption.

Cette pensée le rassura un peu.

Dix minutes se passèrent ainsi, siècle d'agonie usé secondes par secondes, et chacune de ces secondes fournissant tout ce que l'imagination invente de terreurs insensées, un monde de visions.

D'Alençon n'y put tenir davantage, il se leva, traversa son antichambre, qui commençait à se remplir de gentilshommes :

— Salut, Messieurs, dit-il, je descends chez le roi.

— Et pour tromper sa dévorante inquiétude, pour préparer un alibi peut-être, d'Alençon descendit effectivement chez son frère. Pourquoi descendait-il? Il l'ignorait... Qu'avait-il à lui dire ?... Rien! Ce n'était point Charles qu'il cherchait, c'était Henri qu'il fuyait.

Il prit le petit escalier tournant et trouva la porte du roi entr'ouverte.

Les gardes laissèrent entrer le duc sans mettre aucun empêchement à son passage : les jours de chasse il n'y avait ni étiquette ni consigne.

François traversa successivement l'antichambre, le salon et la chambre à coucher sans rencontrer personne; enfin il songeait que Charles était sans doute dans son cabinet des armes, et poussa la porte qui donnait de la chambre à coucher dans le cabinet.

Charles était assis devant une table, dans un grand fauteuil sculpté à dossier aigu; il tournait le dos à la porte par laquelle était entré François.

Il paraissait plongé dans une occupation qui le dominait.

Le duc s'approcha sur la pointe du pied; Charles lisait.

— Pardieu! s'écria-t-il tout-à-coup, voilà un livre admirable. J'en avais bien entendu parler, mais je n'avais pas cru qu'il existât en France.

D'Alençon tendit l'oreille et fit un pas encore.

— Maudites feuilles, dit le roi en portant son pouce à ses lèvres, et en pesant sur le livre pour séparer la page qu'il avait lue de celle qu'il voulait lire, on dirait qu'on en a collé les feuillets pour dérober aux regards des hommes les merveilles qu'il renferme.

D'Alençon fit un bond en avant.

Ce livre, sur lequel Charles était courbé, c'était celui qu'il avait déposé chez Henri!

Un cri sourd lui échappa.

— Ah! c'est vous, d'Alençon? dit Charles, soyez le bien-venu, et venez voir le plus beau livre de vénerie qui soit jamais sorti de la plume d'un homme.

Le premier mouvement de d'Alençon fut d'arracher le livre des mains de son frère; mais une pensée infernale le cloua à sa place, un sourire effrayant passa sur ses lèvres blémies, il passa la main sur ses yeux comme un homme ébloui.

Puis revenant peu à peu à lui, mais sans faire un pas en avant ni en arrière :

— Sire, demanda d'Alençon, comment donc ce livre se trouve-t-il entre les mains de Votre Majesté?

— Rien de plus simple. Ce matin, je suis monté chez Henriot pour voir s'il était prêt; il n'était déjà plus chez lui; sans doute il courait les chenils et les écuries; mais, à sa place, j'ai trouvé ce trésor que j'ai descendu ici pour le lire tout à mon aise.

Et le roi porta encore une fois son pouce à ses lèvres, et une fois encore fit tourner la page rebelle.

— Sire, balbutia d'Alençon, dont les cheveux se hérissèrent et qui se sentit saisir par tout le corps d'une angoisse terrible, Sire, je venais pour vous dire...

— Laissez-moi achever ce chapitre, François, dit Charles, et ensuite vous me direz tout ce que vous voudrez. Voilà cinquante pages que je lis, c'est-à-dire que je dévore.

— Il a goûté vingt-cinq fois le poison, pensa François. Mon frère est mort!

Alors il pensa qu'il y avait un Dieu au ciel qui n'était peut-être point le hasard.

François essuya de sa main tremblante la froide rosée qui dégoûtait sur son front, et attendit silencieux, comme le lui avait ordonné son frère, que le chapitre fût achevé.

IX

La chasse au vol.

Charles lisait toujours. Dans sa curiosité, il dévorait les pages; et chaque page, nous l'avons dit, soit à cause de l'humidité à laquelle elles avaient été longtemps exposées, soit pour tout autre motif, adhérait à la page suivante.

D'Alençon considérait d'un œil hagard ce terrible spectacle dont il entrevoyait seul le dénoûment.

—Oh! murmura-t-il, que va-t-il donc se passer ici! Comment! je partirais, je m'exilerais, j'irais chercher un trône imaginaire, tandis que Henri, à la première nouvelle de la maladie de Charles, reviendrait dans quelque ville forte à vingt lieues de la capitale, guettant cette proie que le hasard nous livre, et pourrait d'une seule enjambée être dans la capitale; de sorte qu'avant que le roi de Pologne eût seulement appris la nouvelle de la mort de mon frère, la dynastie serait déjà changée : c'est impossible !

C'étaient ces pensées qui avaient dominé le premier sentiment d'horreur involontaire, qui poussaient François à arrêter Charles. C'était cette fatalité persévérante qui semblait garder Henri et poursuivre les Valois, contre laquelle le duc allait encore essayer une fois de réagir.

En un instant tout son plan venait de changer à l'égard de Henri. C'était Charles et non Henri qui avait lu le livre empoisonné ; Henri devait partir, mais partir condamné. Du moment où la fatalité venait de le sauver encore une fois, il fallait qu'Henri restât ; car Henri était moins à craindre prisonnier à Vincennes ou à la Bastille, que roi de Navarre à la tête de trente mille hommes.

Le duc d'Alençon laissa donc Charles achever son chapitre ; et lorsque le roi releva la tête :

— Mon frère, lui dit-il, j'ai attendu parce que Votre Majesté l'a ordonné ; mais c'était à mon grand regret, parce que j'avais des choses de la plus haute importance à vous dire.

— Ah ! au diable ! dit Charles, dont les joues pâles s'empourpraient peu à peu, soit qu'il eût mis une trop grande ardeur à sa lecture, soit que le poison commençât à agir, au diable ! si tu viens encore me parler de la même chose. Tu partiras comme est parti le roi de Pologne. Je me suis débarrassé de lui, je me débarrasserai de toi, et plus un mot là-dessus.

— Aussi, mon frère, dit François, ce n'est point de mon départ que je veux vous entretenir, mais de celui d'un autre. Votre Majesté m'a atteint dans mon sentiment le plus profond et le plus délicat, qui est mon dévouement pour elle comme frère, ma fidélité comme sujet, et je tiens à lui prouver que je ne suis pas un traître, moi.

— Allons, dit Charles en s'accoudant sur le livre, en croisant ses jambes l'une sur l'autre, et en regardant d'Alençon en homme qui fait contre ses habitudes provision de patience, allons, quelque bruit nouveau, quelque accusation matinale?

— Non, Sire. Une certitude, un complot

que ma ridicule délicatesse m'avait seule empêché de vous révéler.

— Un complot, dit Charles. Voyons le complot.

— Sire, dit François, tandis que Votre Majesté chassera au vol auprès de la rivière et dans la plaine du Vesinet, le roi de Navarre gagnera la forêt de Saint-Germain, une troupe d'amis l'attendent dans cette forêt et il doit fuir avec eux.

— Ah! je le savais bien, dit Charles. Encore une bonne calomnie contre mon pauvre Henriot. Ah çà! en finirez-vous avec lui?

— Votre Majesté n'aura pas besoin d'attendre longtemps au moins pour s'assurer si ce que j'ai l'honneur de lui dire est ou non une calomnie.

— Et comment cela?

— Parce que ce soir notre beau-frère sera parti.

Charles se leva.

— Écoutez, dit-il, je veux bien une dernière fois encore avoir l'air de croire à vos intentions; mais, je vous en avertis, toi et ma mère, cette fois c'est la dernière.

Puis haussant la voix.

— Qu'on appelle le roi de Navarre, ajouta-t-il.

Un garde fit un mouvement pour obéir; mais François l'arrêta d'un signe.

— Mauvais moyen, mon frère, dit-il, de cette façon vous n'apprendrez rien. Henri niera, donnera un signal, ses complices seront avertis et disparaîtront; puis ma mère et moi nous serons accusés non-seulement d'être des visionnaires, mais encore des calomniateurs.

— Que demandez-vous donc alors?

— Qu'au nom de notre fraternité, Votre Majesté m'écoute; qu'au nom de mon dévoûment qu'elle va reconnaître, elle ne brusque rien. Faites en sorte, Sire, que le véritable coupable, que celui qui depuis deux ans trahit d'intention Votre Majesté, en attendant qu'il la trahisse de fait, soit enfin reconnu coupable par une épreuve infaillible, et puni comme il le mérite.

Charles ne répondit point; il alla à une fenêtre et l'ouvrit : le sang envahissait son cerveau.

Enfin se retournant vivement :

— Eh bien ! dit-il, que feriez-vous ? Parlez, François ?

— Sire, dit d'Alençon, je ferais cerner la forêt de Saint-Germain par trois détachements de chevau-légers, qui, à une heure convenue, à onze heures par exemple, se mettraient en marche et rabattraient tout ce qui se trouve dans la forêt sur le pavillon de François Ier, que j'aurais, comme par hasard, désigné pour l'endroit du rendez-vous du dîner. Puis, quand, tout en ayant l'air de suivre mon faucon, je verrais Henri s'éloigner, je piquerais au rendez-vous, où il se trouvera pris avec tous ses complices.

— L'idée est bonne, dit le roi ; qu'on fasse venir mon capitaine des gardes.

D'Alençon tira de son pourpoint un sifflet d'argent pendu à une chaîne d'or et siffla.

M. de Nancey parut.

Charles alla à lui et lui donna ses ordres à voix basse.

Pendant ce temps, son grand lévrier Actéon avait saisi une proie qu'il roulait par la chambre et déchirait à belles dents avec mille bonds folâtres.

Charles se retourna, et poussa un juron terrible. Cette proie, que s'était faite Actéon, c'était ce précieux livre de vénerie, dont il n'existait, comme nous l'avons dit, que trois exemplaires au monde.

Le châtiment fut égal au crime ; Charles saisit un fouet, la lanière sifflante enveloppa l'animal d'un triple nœud. Actéon jeta un cri et disparut sous une table couverte d'un immense tapis qui lui servait de retraite.

Charles ramassa le livre et vit avec joie qu'il n'y manquait qu'un feuillet ; et encore ce feuillet n'était-il pas une page de texte, mais une gravure.

Il le plaça avec soin sur un rayon où Actéon ne pouvait atteindre. D'Alençon le regardait faire avec inquiétude. Il eût voulu fort que ce livre, maintenant qu'il avait rempli sa terrible mission, sortît des mains de Charles.

Six heures sonnèrent.

C'était l'heure à laquelle le roi devait descendre dans la cour encombrée de chevaux richement caparaçonnés, d'hommes et de femmes richement vêtus. Les veneurs tenaient sur leurs poings leurs faucons chaperonnés; quelques piqueurs avaient des cors en écharpe au cas où le roi, fatigué de la chasse au vol, comme cela lui arrivait quelquefois, voudrait courre un daim ou un chevreuil.

Le roi descendit, et, en descendant, ferma la porte de son cabinet des armes. d'Alençon suivait chacun de ses mouvements d'un ardent regard et lui vit mettre la clé dans sa poche.

En descendant l'escalier, il s'arrêta, porta la main à son front :

Les jambes du duc d'Alençon tremblaient non moins que celles du roi.

— En effet, balbutia-t-il, il me semble que le temps est à l'orage.

— A l'orage au mois de janvier, dit

Charles, vous êtes fou! Non, j'ai des vertiges, ma peau est sèche; je suis faible, voilà tout.

Puis à demi voix :

— Ils me tueront, continua-t-il, avec leur haine et leurs complots.

Mais en mettant le pied dans la cour, l'air frais du matin, les cris des chasseurs, les saluts bruyants de cent personnes rassemblées, produisirent sur Charles leur effet ordinaire.

Il respira libre et joyeux.

Son premier regard avait été pour chercher Henri. Henri était près de Marguerite. Ces deux excellents époux semblaient ne se pouvoir quitter, tant ils s'aimaient.

En apercevant Charles, Henri fit bondir son cheval, et en trois courbettes de l'animal fut près de son beau-frère.

— Ah! ah! dit Charles, vous êtes monté en coureur de daim, Henriot. Vous savez cependant que c'est une chasse au vol que nous faisons aujourd'hui.

Puis, sans attendre la réponse :

— Partons, messieurs, partons, il faut que nous soyons en chasse à neuf heures ! dit le roi le sourcil froncé et avec une intonation de voix presque menaçante.

Catherine regardait tout cela par une fenêtre du Louvre. Un rideau soulevé donnait passage à sa tête pâle et voilée, tout le corps vêtu de noir disparaissait dans la pénombre.

Sur l'ordre de Charles, toute cette foule dorée, brodée, parfumée, le roi en tête, s'allongea pour passer à travers les guichets du Louvre et roula comme une avalanche, sur la route de Saint-Germain, au milieu des cris du peuple qui saluait le jeune roi, soucieux et pensif, sur son cheval plus blanc que la neige.

— Que vous a-t-il dit? demanda Marguerite à Henri.

— Il m'a félicité sur la finesse de mon cheval.

— Voilà tout?

— Voilà tout.

— Il sait quelque chose alors.

— J'en ai peur.

— Soyons prudents.

Henri éclaira son visage d'un de ces fins sourires qui lui étaient habituels, et qui voulaient dire, pour Marguerite surtout, soyez tranquille, ma mie.

Quant à Catherine, à peine tout ce cortège avait-il quitté la cour du Louvre qu'elle avait laissé retomber son rideau.

Mais elle n'avait point laissé échapper une chose, c'était la pâleur de Henri, c'étaient ses tressaillements nerveux, c'étaient ses conférences à voix basse avec Marguerite.

Henri était pâle parce que, n'ayant pas le courage sanguin, son sang, dans toutes les circonstances où sa vie était mise en jeu, au lieu de lui monter au cerveau comme il arrive ordinairement, lui refluait au cœur.

Il éprouvait des tressaillements nerveux parce que la façon dont l'avait reçu Charles, si différente de l'accueil habituel qu'il lui faisait, l'avait vivement impressionné.

Enfin, il avait conféré avec Marguerite, parce que, ainsi que nous le savons, le mari et la femme avaient fait, sous le rapport de la politique, une alliance offensive et défensive.

Mais Catherine avait interprété les choses tout autrement.

— Cette fois, murmura-t-elle avec son sourire florentin, je crois qu'il en tient, ce cher Henriot.

Puis, pour s'assurer du fait, après avoir attendu un quart d'heure pour donner le temps à toute la chasse de quitter Paris, elle sortit de son appartement, suivit le corridor, monta le petit escalier tournant, et à l'aide de sa double clé ouvrit l'appartement du roi de Navarre.

Mais ce fut inutilement que par tout cet appartement elle chercha le livre. Ce fut inutilement que partout son regard ardent passa des tables aux dressoirs, des dressoirs aux rayons, des rayons aux armoires; nulle part elle n'aperçut le livre qu'elle cherchait.

— D'Alençon l'aura déjà enlevé, dit-elle; c'est prudent.

Et elle descendit chez elle, presque certaine, cette fois, que son projet avait réussi.

Cependant le roi poursuivait sa route vers Saint-Germain, où il arriva après une heure et demie de course rapide; on ne monta même pas au vieux château, qui s'élevait sombre et majestueux au milieu des maisons éparses sur la montagne. On traversa le pont de bois situé à cette époque en face de l'arbre qu'aujourd'hui encore on appelle le chêne de Sully. Puis on fit signe aux barques pavoisées qui suivaient la chasse, pour donner la facilité au roi et aux gens de sa suite de traverser la rivière, de se mettre en mouvement.

A l'instant même toute cette joyeuse jeunesse, animée d'intérêts si divers, se mit en marche, le roi en tête, sur cette magnifique prairie qui pend du sommet boisé de Saint-Germain, et qui prit soudain l'aspect d'une grande tapisserie à personnages diaprés de mille couleurs et dont la rivière écumante sur sa rive simulait la frange argentée.

En avant du roi, toujours sur son cheval blanc et tenant son faucon favori au poing. marchaient les valets de vénerie vêtus de justaucorps verts et chaussés de grosses bottes, qui, maintenant de la voix une demi-douzaine de chiens griffons, battaient les roseaux qui garnissaient la rivière.

En ce moment le soleil, caché jusque-là derrière les nuages, sortit tout à coup du sombre océan où il s'était plongé. Un rayon de soleil éclaira de sa lumière tout cet or, tous ces joyaux, tous ces yeux ardents, et de toute cette lumière il faisait un torrent de feu.

Alors, et comme s'il n'eût attendu que ce moment, pour qu'un beau soleil éclairât sa défaite, un héron s'éleva du sein des roseaux en poussant un cri prolongé et plaintif.

— Haw! haw! cria Charles en déchapperonnant son faucon et en le lançant après le fugitif.

— Haw! haw! crièrent toutes les voix pour encourager l'oiseau.

Le faucon, un instant ébloui par la lumière, tourna sur lui-même, décrivant un cercle sans avancer ni reculer; puis tout à coup, il aperçut le héron et prit son vol sur lui à tire d'ailes.

Cependant le héron, qui s'était, en oiseau prudent, levé à plus de cent pas des valets de vénerie, avait, pendant que le roi déchaperonnait son faucon et que celui-ci s'était habitué à la lumière, gagné de l'espace, ou plutôt de la hauteur. Il en résulta que lorsque son ennemi l'aperçut, il était déjà à plus de cinq cents pieds de hauteur, et qu'ayant trouvé dans les zônes élevées l'air nécessaire à ses puissantes ailes, il montait rapidement.

— Haw! haw! Bec-de-Fer, cria Charles, encourageant son faucon, prouve-nous que tu es de race. Haw! haw!

Comme s'il eût entendu cet encouragement, le noble animal partit, semblable à une flèche, parcourant une ligne diagonale qui devait aboutir à la ligne verticale qu'adoptait le héron, lequel montait toujours comme s'il eût voulu disparaître dans l'éther.

— Ah! double couard, cria Charles, comme si le fugitif eût pu l'entendre, en mettant son cheval au galop et en suivant la chasse autant qu'il était en lui, la tête renversée en arrière pour ne pas perdre un instant de vue les deux oiseaux. Ah! double couard, tu fuis. Mons Bec-de-Fer est de race; attends! attends! Haw!! Bec-de-Fer; haw!

En effet, la lutte fut curieuse, les deux oiseaux se rapprochaient l'un de l'autre, ou plutôt le faucon se rapprochait du héron. La seule question était de savoir lequel dans cette première attaque conserverait le dessus.

La peur eut de meilleures ailes que le courage. Le faucon, emporté par son vol, passa sous le ventre du héron qu'il eût dû dominer. Le héron profita de sa supériorité et lui allongea un coup de son long bec.

Le faucon, frappé comme d'un coup de poignard, fit trois tours sur lui-même, comme étourdi, et un instant on dut croire qu'il allait redescendre. Mais comme un guerrier blessé qui se relève plus terrible, il jeta une espèce de cri aigu et menaçant et reprit son vol sur le héron.

Le héron avait profité de son avantage, et changeant la direction de son vol, il avait fait un coude vers la forêt, essayant cette fois de gagner de l'espace et d'échapper par la distance au lieu d'échapper par la hauteur.

Mais le faucon était un animal de noble race qui avait un coup-d'œil de gerfaut. Il répéta la même manœuvre, piqua diagonalement sur le héron, qui jeta deux ou trois cris de détresse et essaya de monter perpendiculairement comme il l'avait fait une première fois. Au bout de quelques secondes de cette double lutte, les deux oiseaux semblèrent sur le point de disparaître dans les nuages. Le héron n'était pas plus gros qu'une allouette et le faucon semblait un point noir qui à chaque instant devenait plus imperceptible.

Charles ni la cour ne suivaient plus les deux oiseaux. Chacun était demeuré à sa place, les yeux fixés sur le fugitif et le poursuivant.

— Bravo! bravo! Bec-de-fer! cria tout

à coup Charles. Voyez, voyez, messieurs, il a le dessus! Haw! haw!

— Ma foi, j'avoue que je ne vois plus ni l'un ni l'autre, dit Henri.

— Ni moi non plus, dit Marguerite.

— Oui, mais si tu ne les vois plus, Henriot, tu peux les entendre encore, dit Charles, — le héron, du moins. Entends tu? entends-tu? il demande grâce!

En effet, deux ou trois cris plaintifs, et qu'une oreille exercée pouvait seule saisir, descendirent du ciel sur la terre.

— Ecoute, écoute, cria Charles, et tu vas les voir descendre plus vite qu'ils ne sont montés.

En effet, comme le roi prononçait ces mots, les deux oiseaux commencèrent à reparaître. C'étaient deux points noirs seulement, mais à la différence de grosseur de ces deux points, il était facile de voir cependant que le faucon avait le dessus.

— Voyez! voyez! cria Charles... Bec-de-Fer le tient.

En effet, le héron, dominé par l'oiseau de proie, n'essayait même plus de se défendre. Il descendait rapidement, incessamment frappé par le faucon et ne répondant que par ses cris, tout à coup il replia ses aîles et se laissa tomber comme une pierre; mais son adversaire en fit autant, et lorsque le fugitif voulut reprendre son vol, un dernier coup de bec l'étendit; il continua sa chute en tournoyant sur lui-même, et au moment où il touchait la terre, le faucon s'abattit sur lui, poussant un cri de victoire qui couvrit le cri de défaite du vaincu.

— Au faucon, au faucon! cria Charles, et il lança son cheval au galop dans la direction de l'endroit où les deux oiseaux s'étaient abattus.

Mais tout à coup il arrêta court sa monture, jeta un cri lui-même, lâcha la bride et s'accrocha d'une main à la crinière de son cheval, tandis que de son autre main il saisit son estomac comme si il eût voulu déchirer ses entrailles.

A ce cri tous les courtisans accoururent.

— Ce n'est rien, ce n'est rien, dit Charles le visage enflammé et l'œil hagard; mais il vient de me sembler qu'on me passait un fer rouge à travers l'estomac. Allons, allons, ce n'est rien.

Et Charles remit son cheval au galop.

D'Alençon pâlit.

— Qu'y a-t-il donc encore de nouveau? demanda Henri à Marguerite.

— Je n'en sais rien, répondit celle-ci; mais vous avez vu? mon frère était pourpre.

— Ce n'est cependant pas son habitude, dit Henri.

Les courtisans s'entre-regardèrent étonnés et suivirent le roi.

On arriva à l'endroit où les deux oiseaux s'étaient abattus. Le faucon rongeait déjà la cervelle du héron.

En arrivant, Charles sauta à bas de son cheval pour voir le combat de plus près.

Mais en touchant la terre il fut obligé de se tenir à la selle, la terre tournait sous lui. Il éprouva une violente envie de dormir.

— Mon frère! mon frère! s'écria Marguerite, qu'avez-vous?

— J'ai, dit Charles, j'ai ce que dut avoir Porcie quand elle eut avalé ses charbons ardents; j'ai que je brûle, et qu'il me semble que mon haleine est de flamme.

En même temps, Charles poussa son souffle au dehors, et parut étonné de ne pas voir sortir du feu de ses lèvres.

Cependant, on avait repris et rechaperonné le faucon, et tout le monde s'était rassemblé autour de Charles.

— Eh bien! eh bien! que veut dire cela? Corps du Christ! ce n'est rien, ou si c'est quelque chose, c'est le soleil qui me casse la tête et me crève les yeux. Allons, allons, en chasse, messieurs. Voici toute une compagnie de hallebrands. Lâchez tout, lâchez tout. Corbœuf! nous allons nous amuser!

On déchaperonna en effet et on lâcha à l'instant même cinq ou six faucons, qui s'élancèrent dans la direction du gibier, tandis que toute la chasse, le roi en tête, regagnait les bords de la rivière.

— Eh bien! que dites-vous Madame? demanda Henri à Marguerite.

— Que le moment est bon, dit Marguerite, et que si le roi ne se retourne pas, nous pouvons d'ici gagner la forêt facilement.

Henri appela le valet de vénerie qui portait

le héron; et tandis que l'avalanche bruyante et dorée roulait le long du talus qui fait aujourd'hui la terrasse, il resta seul en arrière comme s'il examinait le cadavre du vaincu.

X

Le pavillon de François Ier.

C'était une belle chose que la chasse à l'oiseau faite par des rois, quand les rois étaient presque des demi-dieux et que la chasse était non-seulement un loisir, mais un art.

Néanmoins nous devons quitter ce spectacle royal pour pénétrer dans un endroit de la forêt où tous les acteurs de la scène que nous venons de raconter vont nous rejoindre bientôt.

A droite de l'allée des Violettes, longue arcade de feuillage, retraite moussue, où, parmi les lavandes et les bruyères, un lièvre inquiet dresse de temps en temps les oreilles, tandis que le daim errant lève sa tête chargée de bois, ouvre les naseaux et écoute, est une clairière assez éloignée pour que de la route on ne la voie pas; mais pas assez pour que de cette clairière on ne voie pas la route.

Au milieu de cette clairière, deux hommes couchés sur l'herbe, ayant sous eux un manteau de voyage, à leur côté une longue épée, et auprès d'eux chacun un mousqueton à gueule évasée, qu'on appelait alors un poitrinal, ressemblaient de loin, par l'élégance de leur costume, à ces joyeux deviseurs du Décaméron; de près, par la menace de leurs armes, à ces bandits des bois que cent ans plus tard Salvator Rosa peignit d'après nature dans ses paysages.

L'un d'eux était appuyé sur un genou et sur une main, et écoutait comme un de ces lièvres ou de ces daims dont nous avons parlé tout à l'heure.

— Il me semble, dit celui-ci, que la chasse s'était singulièrement rapprochée de nous tout à l'heure. J'ai entendu jusqu'aux cris des veneurs encourageant le faucon.

— Et maintenant, dit l'autre, qui paraissait attendre les évènements avec beaucoup plus de philosophie que son camarade, maintenant, je n'entends plus rien : il faut qu'ils se soient éloignés.... Je t'avais bien dit que c'était un mauvais endroit pour l'observation. On n'est pas vu, c'est vrai, mais on ne voit pas.

— Que diable! mon cher Annibal, dit le

premier des interlocuteurs, il fallait bien mettre quelque part nos deux chevaux à nous, puis nos deux chevaux de main, puis ces deux mules si chargées que je ne sais pas comment elles feront pour nous suivre. Or, je ne connais que ces vieux hêtres et ces chênes séculaires qui puissent se charger convenablement de cette difficile besogne. J'oserais donc dire que, loin de blâmer comme toi M. de Mouy, je reconnais, dans tous les préparatifs de cette entreprise qu'il a dirigée, le sens profond d'un véritable conspirateur.

— Bon! dit le second gentilhomme dans lequel notre lecteur a déjà bien certainement reconnu Coconnas, bon! voilà le mot lâché, je l'attendais. Je t'y prends. Nous conspirons donc?...

— Nous ne conspirons pas, nous servons le roi et la reine.

— Qui conspirent, ce qui revient exactement au même pour nous.

— Coconnas, je te l'ai dit, reprit La Mole, je ne te force pas le moins du monde à me suivre dans cette aventure qu'un sentiment particulier que tu ne partages pas, que tu ne peux partager, me fait seul entreprendre.

— Eh mordi! qui est-ce donc qui dit que tu me forces? D'abord, je ne sache pas un homme qui pourrait forcer Coconnas à faire ce qu'il ne veut pas faire ; mais crois-tu que je te laisserai aller sans te suivre, surtout quand je vois que tu vas au diable?

— Annibal! Annibal! dit la Mole ; je crois que j'aperçois là-bas sa blanche haquenée. Oh! c'est étrange comme, rien que de penser qu'elle vient, mon cœur bat.

— Eh bien! c'est drôle, dit Coconnas en

bâillant, le cœur ne me bat pas du tout, à moi.

— Ce n'était pas elle, dit La Mole. Qu'est-il donc arrivé? c'était pour midi, ce me semble.

— Il est arrivé qu'il n'est point midi, dit Coconnas, voilà tout, et que nous avons encore le temps de faire un somme à ce qu'il paraît.

Et sur cette conviction, Coconnas s'étendit sur son manteau en homme qui va joindre le précepte aux paroles; mais comme son oreille touchait la terre, il demeura le doigt levé et faisant signe à La Mole de se taire.

— Qu'y a-t-il donc? demanda celui-ci.

— Silence, cette fois j'entends quelque chose et je ne me trompe pas.

— C'est singulier, j'ai beau écouter, je n'entends rien, moi.

— Tu n'entends rien?

— Non.

— Eh bien! dit Coconnas en se soulevant et en posant la main sur le bras de La Mole, regarde ce daim.

— Où?

— Là-bas.

Et Coconnas montra du doigt l'animal à La Mole.

— Eh bien?

— Eh bien! tu vas voir.

La Mole regarda l'animal. La tête inclinée comme s'il s'apprêtait à brouter, il écoutait immobile. Bientôt il releva son front chargé de bois superbes, et tendit l'oreille du côté d'où sans doute venait le bruit; puis, tout-à-coup, sans cause apparente, il partit rapide comme l'éclair.

— Oh! oh! dit La Mole, je crois que tu as raison, car voilà le daim qui s'enfuit.

—Donc, puisqu'il s'enfuit, dit Coconnas, c'est qu'il entend ce que tu n'entends pas.

En effet, un bruit sourd et à peine perceptible frémissait vaguement dans l'herbe pour des oreilles moins exercées, c'eût été le vent; pour des cavaliers c'était un galop lointain de chevaux.

La Mole fut sur pieds en un moment.

—Les voici, dit-il, alerte!

Coconnas se leva, mais plus tranquillement; la vivacité du Piémontais semblait être passée dans le cœur de La Mole, tandis qu'au contraire l'insouciance de celui-ci semblait à son tour s'être emparée de son ami. C'est que l'un, dans cette circonstance, agissait d'enthousiasme, et l'autre à contre-cœur.

Bientôt un bruit égal et cadencé frappa l'oreille des deux amis; le hennissement d'un cheval fit dresser l'oreille aux chevaux qu'ils tenaient prêts à dix pas d'eux, et dans l'allée passa, comme une ombre blanche, une femme qui, se tournant de leur côté, fit un signe étrange et disparut.

— La reine ! s'écrièrent-ils ensemble.

— Qu'est-ce que cela signifie? dit Coconnas.

— Elle a fait ainsi avec le bras, dit La Mole; ce qui signifie : Tout à l'heure...

— Elle a fait ainsi, dit Coconnas, ce qui signifie : Partez...

— Ce signe répond à : *Attendez-moi*.

— Ce signe répond à : *Sauvez-vous*.

— Eh bien! dit La Mole, agissons chacun selon notre conviction. Pars, je resterai.

Coconnas haussa les épaules et se recoucha.

Au même instant, en sens inverse du chemin qu'avait suivi la reine, mais par la même allée, passa, bride abattue, une troupe de cavaliers que les deux amis reconnurent pour des protestants ardents, presque furieux. Leurs chevaux bondissaient comme ces sauterelles dont parle Job : ils parurent et disparurent.

— Peste ! cela devient grave, dit Coconnas en se relevant. Allons au pavillon de François Ier.

— Au contraire, n'y allons pas ! dit La Mole. Si nous sommes découverts, c'est sur ce pavillon que se portera d'abord l'attention du roi ! puisque c'était là le rendez-vous général.

— Cette fois tu peux bien avoir raison, grommela Coconnas.

Coconnas n'avait pas prononcé ces paroles, qu'un cavalier passa comme l'éclair au milieu des arbres et, franchissant fossés, buissons, barrières, arriva près des deux gentilshommes. Il tenait un pistolet de chaque main et guidait des genoux seulement son cheval dans cette course furieuse.

— M. de Mouy! s'écria Coconnas inquiet et devenu plus alerte maintenant que La Mole. M. de Mouy fuyant! On se sauve donc?

— Eh! vite! vite! cria le huguenot, détalez, tout est perdu! J'ai fait un détour pour vous le dire. En route!

Et comme il n'avait pas cessé de courir en prononçant ces paroles, il était déjà loin quand elles furent achevées, et par conséquent lorsque La Mole et Coconnas en saisirent complètement le sens.

— Et la reine? cria La Mole.

Mais la voix du jeune homme se perdit dans l'espace; de Mouy était déjà à une trop grande distance pour l'entendre, et surtout pour lui répondre.

Coconnas eut bientôt pris son parti. Tandis que La Mole restait immobile et suivait des yeux de Mouy qui disparaissait entre les branches qui s'ouvraient devant lui et se refermaient sur lui, il courut aux chevaux, les amena, sauta sur le sien, jeta la bride de l'autre aux mains de La Mole et s'apprêta à piquer.

— Allons, allons! dit-il, je répéterai ce qu'a dit de Mouy : En route ! Et de Mouy est un monsieur qui parle bien. En route, en route, La Mole !

— Un instant, dit La Mole ; nous sommes venus ici pour quelque chose.

— A moins que ce ne soit pour nous faire pendre, répondit Coconnas, je te conseille de ne pas perdre de temps. Je devine; tu vas faire de la réthorique, paraphraser le mot fuir ; parler d'Horace qui jeta son bouclier, et d'Épaminondas qu'on rapporta sur le sien ; moi, je dirai un seul mot : Où fuit

M. de Mouy de Saint-Phale, tout le monde peut fuir.

— M. de Mouy de Saint-Phale, dit La Mole, n'est pas chargé d'enlever la reine Marguerite, M. de Mouy de Saint-Phale n'aime pas la reine Marguerite.

— Mordi! et il fait bien, si cet amour devait lui faire faire des sottises pareilles à celle que je te vois méditer. Que cinq cent mille diables d'enfer enlèvent l'amour qui peut coûter la tête à deux braves gentilshommes! Corne de bœuf! comme dit le roi Charles, nous conspirons, mon cher; et quand on conspire mal, il faut se bien sauver. En selle, en selle, La Mole!

— Sauve-toi, mon cher, je ne t'en empêche pas, et même je t'y invite. Ta vie est plus précieuse que la mienne. Défends donc ta vie.

— Il faut me dire : Coconnas, faisons nous

pendre ensemble ; et non me dire : Coconnas, sauve-toi tout seul.

— Bah! mon ami, répondit La Mole, la corde est faite pour les manants, et non pour des gentilshommes comme nous.

— Je commence à croire, dit Coconuas avec un soupir, que la précaution que j'ai prise n'est pas mauvaise.

— Laquelle?

— De me faire un ami du bourreau.

— Tu es sinistre, mon cher Coconnas.

— Mais enfin que faisons-nous? s'écria celui-ci impatienté.

— Nous allons retrouver la reine.

— Où celà?

— Je n'en sais rien... Retrouver le roi!

— Où celà?

— Je n'en sais rien... mais nous les retrouverons, et nous ferons à nous deux ce que cinquante personnes n'ont pu ou n'ont osé faire.

— Tu me prends par l'amour-propre, Hyacinthe : c'est mauvais signe.

— Eh bien! voyons, à cheval et partons.

— C'est bien heureux !

La Mole se retourna pour prendre le pommeau de la selle ; mais au moment où il mettait le pied à l'étrier une voix impérieuse se fit entendre.

— Halte là ! rendez-vous, dit la voix.

En même temps, une figure d'homme parut derrière un chêne, puis une autre, puis trente : c'étaient les chevau-légers, qui, devenus fantassins, s'étaient glissés à plat-ventre dans les bruyères et fouillaient le bois.

— Qu'est-ce que je t'ai dit? murmura Coconnas.

Une espèce de rugissement sourd fut la réponse de La Mole.

Les chevau-légers étaient encore à trente pas des deux amis.

— Voyons! continua le Piémontais parlant tout haut au lieutenant des chevau-légers et tout bas à La Mole ; messieurs, qu'y a-t-il?

Le lieutenant ordonna de coucher en joue les deux amis.

Coconnas continua tout bas :

— En selle! La Mole, il en est temps encore : saute à cheval, comme je t'ai vu cent fois, et partons.

Puis se retournant vers les chevau-légers :

— Eh! que diable, messieurs, ne tirez pas, vous pourriez tuer des amis.

Puis à La Mole :

— A travers les arbres, on tire mal ; ils tireront et nous manqueront.

— Impossible, dit La Mole ; nous ne pouvons emmener avec nous le cheval de Marguerite et les deux mules ; ce cheval et ces deux mules la compromettraient, tandis que par mes réponses j'éloignerai tout soupçon. Pars ! mon ami, pars !

— Messieurs, dit Coconnas en tirant son épée et en l'élevant en l'air, messieurs, nous sommes tout rendus.

Les chevau-légers relevèrent leurs mousquetons.

— Mais d'abord pourquoi faut-il que nous nous rendions?

— Vous le demanderez au roi de Navarre.

— Quel crime avons-nous commis?

— M. d'Alençon vous le dira.

Coconnas et La Mole se regardèrent : le nom de leur ennemi en un pareil moment était peu fait pour les rassurer.

Cependant ni l'un ni l'autre ne fit résistance. Coconnas fut invité à descendre de cheval, manœuvre qu'il exécuta sans observation. Puis tous deux furent placés au centre des chevau-légers, et l'on prit la route du pavillon de François Ier.

— Tu voulais voir le pavillon de François Ier? dit Coconnas à La Mole, en apercevant, à travers les arbres, les murs d'une charmante fabrique gothique, eh bien! il paraît que tu le verras.

La Mole ne répondit rien et tendit seulement la main à Coconnas.

A côté de ce charmant pavillon, bâti du temps de Louis XII, et qu'on appelait le pavillon de François Ier, parce que celui-ci le choisissait toujours pour ses rendez-vous de chasse, était une espèce de hutte élevée pour les piqueurs et qui disparaissait en quelque sorte sous les mousquets et sous les hallebardes et les épées reluisantes, comme une taupinière sous une moisson blanchissante.

C'était dans cette hutte qu'avaient été conduits les prisonniers.

Maintenant éclairons la situation fort nuageuse, pour les deux amis surtout, en racontant ce qui s'était passé.

Les gentilshommes protestants s'étaient réunis, comme la chose avait été convenue, dans le pavillon de François Ier, dont, on le sait, de Mouy s'était procuré la clé.

Maîtres de la forêt, à ce qu'ils croyaient du moins, ils avaient posé par-ci par-là quelques sentinelles, que les chevau-légers, moyennant un changement d'écharpes blanches en écharpes rouges, précaution due au zèle ingénieux de M. de Nancey, avaient enlevées sans coup férir, par une surprise vigoureuse.

Les chevau-légers avaient continué leur

battue, cernant le pavillon ; mais de Mouy, qui, ainsi que nous l'avons dit, attendait le roi au bout de l'allée des Violettes, avait vu ces écharpes rouges marchant à pas de loup, et dès ce moment les écharpes rouges lui avaient paru suspectes. Il s'était donc jeté de côté pour n'être point vu, et avait remarqué que le vaste cercle se retrécissait de manière à battre la forêt et à envelopper le lieu du rendez-vous.

Puis en même temps, au fond de l'allée principale, il avait vu poindre les aigrettes blanches et briller les arquebuses de la garde du roi. Enfin il avait reconnu le roi lui-même, tandis que du côté opposé il avait aperçu le roi de Navarre.

Alors il avait coupé l'air en croix avec son chapeau, ce qui était le signal convenu pour dire que tout était perdu.

A ce signal le roi avait rebroussé chemin et avait disparu.

Aussitôt de Mouy, enfonçant les deux larges molettes de ses éperons dans le ventre de son cheval, avait pris la fuite, et tout en fuyant avait jeté les paroles d'avertissement que nous avons dites, à La Mole et à Coconnas.

Or le roi, qui s'était aperçu de la disparition d'Henri et de Marguerite, arrivait escorté de M. d'Alençon pour les voir sortir tous deux de la hutte où il avait dit de renfermer tout ce qui se trouverait non-seulement dans le pavillon, mais encore dans la forêt.

D'Alençon, plein de confiance, galopait près du roi, dont les douleurs aiguës augmentaient la mauvaise humeur. Deux ou trois fois il avait failli s'évanouir, et une fois il avait vomi jusqu'au sang.

— Allons! allons! dit le roi en arrivant,

dépêchons-nous; j'ai hâte de rentrer au Louvre : tirez-moi tous ces parpaillots du terrier, c'est aujourd'hui saint Blaise, cousin de saint Barthélemy.

A ces paroles du roi, toute cette fourmilière de piques et d'arquebuses se mit en mouvement et l'on força les huguenots, arrêtés soit dans la forêt, soit dans le pavillon, à sortir l'un après l'autre de la cabane.

Mais de roi de Navarre, de Marguerite et de de Mouy, point.

— Eh bien! dit le roi, où est Henri, où est Margot? Vous me les avez promis d'Alençon, et, corbœuf! il faut qu'on me les trouve.

— Le roi et la reine de Navarre, dit M. de Nancey, nous ne les avons pas même aperçus, Sire.

— Mais les voilà, dit madame de Nevers.

En effet, à ce moment même, à l'extrémité d'une allée qui donnait sur la rivière, parurent Henri et Margot, tous deux calmes comme s'il ne se fût agi de rien; tous deux le faucon au poing et amoureusement serrés avec tant d'art que leurs chevaux tout en galopant, non moins unis qu'eux, semblaient se caresser l'un l'autre des naseaux.

Ce fut alors que d'Alençon furieux fit fouiller les environs et que l'on trouva La Mole et Coconnas sous leur berceau de lierre.

Eux aussi firent leur entrée dans le cercle que formaient les gardes, avec un fraternel enlacement. Seulement, comme ils n'étaient point rois, ils n'avaient pu se donner si bonne contenance que Henri et Marguerite : La Mole était trop pâle, Coconnas était trop rouge.

XI

Les investigations.

Le spectacle qui frappa les deux jeunes gens en entrant dans le cercle fut de ceux qu'on n'oublie jamais, ne les eût-on vus qu'une seule fois et un seul instant.

Charles IX avait, comme nous l'avons dit, regardé défiler tous les gentilshommes enfermés dans la hutte des piqueurs et extraits l'un après l'autre par ses gardes.

Lui et d'Alençon suivaient chaque mouvement d'un œil avide, s'attendant à voir sortir le roi de Navarre à son tour.

Leur attente avait été trompée.

Mais ce n'était point assez, il fallait savoir ce qu'ils étaient devenus.

Aussi, quand au bout de l'allée on vit apparaître les deux jeunes époux, d'Alençon pâlit, Charles sentit son cœur se dilater ; car instinctivement il désirait que tout ce que son frère l'avait forcé de faire retombât sur lui.

— Il échappera encore, murmura François en pâlissant.

En ce moment le roi fut saisi de douleurs d'entrailles si violentes qu'il lâcha la bride, saisit ses flancs des deux mains et poussa des cris comme un homme en délire.

Henri s'approcha avec empressement ;

mais pendant le temps qu'il avait mis à parcourir les deux cents pas qui le séparaient de son frère, Charles était déjà remis.

— D'où venez-vous, Monsieur? dit le roi avec une dureté de voix qui émut Marguerite.

— Mais... de la chasse, mon frère, reprit-elle.

— La chasse était au bord de la rivière et non dans la forêt.

—Mon faucon s'est emporté sur un faisan, Sire, au moment où nous étions restés en arrière pour voir le héron.

— Et où est le faisan?

— Le voici; un beau coq, n'est-ce pas?

Et Henri, de son air le plus innocent, présenta à Charles son oiseau de pourpre, d'azur et d'or.

—Ah! ah! dit Charles; et ce faisan pris, pourquoi ne m'avez-vous pas rejoint?

— Parce qu'il avait dirigé son vol vers le parc, Sire; de sorte que, lorsque nous sommes descendus sur le bord de la rivière, nous vous avons vu une demi-lieue en avant de nous, remontant déjà vers la forêt : alors nous nous sommes mis à galoper sur vos traces, car étant de la chasse de Votre Majesté nous n'avons pas voulu la perdre.

— Et tous ces gentilshommes, reprit Charles, étaient-ils invités aussi?

— Quels gentilshommes? répondit Henri en jetant un regard circulaire et interrogateur autour de lui.

— Eh! vos huguenots, pardieu! dit Charles; dans tous les cas, si quelqu'un les a invités ce n'est pas moi.

— Non, Sire, répondit Henri, mais c'est peut-être M. d'Alençon.

— M. d'Alençon! comment cela?

— Moi! fit le duc.

— Eh! oui, mon frère, reprit Charles, n'avez-vous pas annoncé hier que vous étiez roi de Navarre? Hé bien, les huguenots, qui vous ont demandé pour roi, viennent vous remercier, vous, d'avoir accepté la couronne, et le roi de l'avoir donnée. N'est-ce pas, Messieurs?

— Oui! oui! crièrent vingt voix : vive le duc d'Alençon! vive le roi Charles!

— Je ne suis pas le roi des huguenots, dit François pâlissant de colère; puis, jetant à la dérobée un regard sur Charles : Et j'espère bien, ajouta-t-il, ne l'être jamais.

— N'importe! dit Charles, vous saurez, Henri, que je trouve tout cela étrange.

— Sire, dit le roi de Navarre avec fermeté, on dirait, Dieu me pardonne, que je subis un interrogatoire.

— Et si je vous disais que je vous interroge, que répondriez-vous.

— Que je suis roi comme vous, Sire, dit fièrement Henri, car ce n'est pas la couronne, mais la naissance, qui fait la royauté, et que je répondrai à mon frère et à mon ami, mais jamais à mon juge.

— Je voudrais bien savoir, cependant, murmura Charles, à quoi m'en tenir une fois dans ma vie.

— Qu'on amène M. de Mouy, dit d'Alençon, vous le saurez. M. de Mouy doit être pris.

— M. de Mouy est-il parmi les prisonniers? demanda le roi.

Henri eut un moment d'inquiétude et échangea un regard avec Marguerite; mais ce moment fut de courte durée.

Aucune voix ne répondit.

— M. de Mouy n'est point parmi les prisonniers, dit M. de Nancey; quelques-uns de nos hommes croient l'avoir vu, mais aucun n'en est sûr.

D'Alençon murmura un blasphème.

—Eh! dit Marguerite en montrant La Mole, et Coconnas, qui avaient entendu tout le dialogue, et sur l'intelligence desquels elle croyait pouvoir compter, Sire, voici deux gentilshommes de M. d'Alençon, interrogez-les, ils répondront.

Le duc sentit le coup.

—Je les ai fait arrêter justement pour prouver qu'ils ne sont point à moi, dit le duc.

Le roi regarda les deux amis et tressaillit en revoyant La Mole.

—Oh! oh! encore ce Provençal, dit-il.

Coconnas salua gracieusement.

—Que faisiez-vous quand on vous a arrêtés? dit le roi.

—Sire, nous devisions de faits de guerre et d'amour.

— A cheval! armés jusqu'aux dents! prêts à fuir!

—Non pas, Sire, dit Coconnas, et Votre Majesté est mal renseignée. Nous étions couchés sous l'ombre d'un hêtre... *sub tegmine fagi.*

—Ah! vous étiez couchés sous l'ombre d'un hêtre?

—Et nous eussions même pu fuir, si nous avions cru avoir en quelque façon encouru la colère de Votre Majesté. — Voyons, messieurs, sur votre parole de soldats, dit Coconnas en se retournant vers les chevau-légers; croyez-vous que si nous l'eussions voulu, nous pouvions nous échapper?

—Le fait est, dit le lieutenant, que ces messieurs n'ont pas fait un mouvement pour fuir.

— Parce que leurs chevaux étaient loin, dit le duc d'Alençon.

— J'en demande humblement pardon à monseigneur, dit Coconnas, mais j'avais le mien entre les jambes, et mon ami le comte Lérac de La Mole tenait le sien par la bride.

— Est-ce vrai, messieurs? dit le roi.

— C'est vrai, Sire, répondit le lieutenant, M. de Coconnas en nous apercevant est même descendu du sien.

Coconnas grimaça un sourire qui signifiait : Vous voyez bien, Sire !

— Mais ces chevaux de main, mais ces mules, mais ces coffres dont elles sont chargées? demanda François.

— Eh bien ! dit Coconnas, est-ce que nous sommes des valets d'écurie ! faites chercher le palefrenier qui les gardait.

—Il n'y est pas, dit le duc furieux.

—Alors, c'est qu'il aura pris peur et se sera sauvé, reprit Coconnas, on ne peut pas demander à un manant d'avoir le calme d'un gentilhomme.

—Toujours le même système, dit d'Alençon en grinçant des dents. Heureusement, Sire, je vous ai prévenu que ces messieurs depuis quelques jours n'étaient plus à mon service.

—Moi, dit Coconnas, j'aurais le malheur de ne plus appartenir à Votre Altesse?...

—Eh! morbleu! Monsieur, vous le savez mieux que personne, puisque vous m'avez donné votre démission dans une lettre assez impertinente que j'ai conservée, Dieu merci, et que par bonheur j'ai sur moi.

— Oh! dit Coconnas, j'espérais que Votre

Altesse m'avait pardonné une lettre écrite dans un premier mouvement de mauvaise humeur. J'avais appris que Votre Altesse avait voulu, dans un corridor du Louvre, étrangler mon ami La Mole.

—Eh bien! interrompit le roi, que dit-il donc?

—J'avais cru que Votre Altesse était seule, continua ingénument La Mole. Mais depuis que j'ai su que trois autres personnes...

—Silence! dit Charles, nous sommes suffisamment renseignés.—Henri, dit-il au roi de Navarre, votre parole de ne pas fuir?

—Je la donne à Votre Majesté, Sire.

—Retournez à Paris avec M. de Nancey et prenez les arrêts dans votre chambre. — Vous, messieurs, continua-t-il en s'adressant aux deux gentilshommes, rendez vos épées.

La Mole regarda Marguerite. Elle sourit. Aussitôt La Mole remit son épée au capitaine qui était le plus proche de lui.

Coconnas en fit autant.

— Et M. de Mouy, l'a-t-on retrouvé? demanda le roi.

— Non, Sire, dit M. de Nancey, ou il n'était pas dans la forêt, ou il s'est sauvé.

— Tant pis, dit le roi. Retournons. J'ai frod, ie suis ébloui.

— Sire, c'est la colère sans doute, dit François.

— Oui, peut-être. Mes yeux vacillent. Où sont donc les prisonniers? Je n'y vois plus. Est-ce donc déjà la nuit? Oh! miséricorde! je brûle!... A moi! à moi!

Et le malheureux roi lâchant la bride de

son cheval, étendant les bras, tomba en arrière, soutenu par les courtisans épouvantés de cette seconde attaque.

François, à l'écart, essuyait la sueur de son front, car lui seul connaissait la cause du mal qui torturait son frère.

De l'autre côté, le roi de Navarre, déjà sous la garde de M. de Nancey, considérait toute cette scène avec un étonnement croissant.

— Eh! eh! murmura-t-il avec cette prodigieuse intuition qui par moment faisait de lui un homme illuminé pour ainsi dire, si j'allais me trouver heureux d'avoir été arrêté dans ma fuite?

Il regarda Margot, dont les grands yeux, dilatés par la surprise, se reportaient de lui au roi et du roi à lui.

Cette fois le roi était sans connaissance. On fit approcher une civière sur laquelle on l'étendit. On le recouvrit d'un manteau, qu'un des cavaliers détacha de ses épaules, et le cortège reprit tranquillement la route de Paris, d'où l'on avait vu partir le matin des conspirateurs allègres et un roi joyeux, et où l'on voyait rentrer un roi moribond entouré de rebelles prisonniers.

Marguerite, qui dans tout cela n'avait perdu ni sa liberté de corps, ni sa liberté d'esprit, fit un dernier signe d'intelligence à son mari, puis elle passa si près de La Mole que celui-ci put recueillir ces deux mots grecs qu'elle laissa tomber :

— *Mê déidê*.

C'est-à-dire :

— Ne crains rien.

— Que t'a-t-elle dit? demanda Coconnas.

— Elle m'a dit de ne rien craindre, répondit La Mole.

— Tant pis, murmura le Piémontais, tant pis, cela veut dire qu'il ne fait pas bon ici pour nous. Toutes les fois que ce mot-là m'a été adressé en manière d'encouragement, j'ai reçu à l'instant même soit une balle quelque part, soit un coup d'épée dans le corps, soit un pot de fleurs sur la tête. Ne crains rien, soit en hébreu, soit en grec, soit en latin, soit en français, a toujours signifié pour moi : *Gare là-dessous !*

— En route, messieurs ! dit le lieutenant des chevau-légers.

— Et sans indiscrétion, Monsieur, demanda Coconnas, où nous mène-t-on ?

— A Vincennes, je crois, dit le lieutenant.

— J'aimerais mieux aller ailleurs, dit Coconnas ; mais enfin on ne va pas toujours où l'on veut.

Pendant la route le roi était revenu de son évanouissement et avait repris quelque force. A Nanterre il avait même voulu monter à cheval, mais on l'en avait empêché.

— Faites prévenir maître Ambroise Paré, dit Charles en arrivant au Louvre.

Il descendit de sa litière, monta l'escalier appuyé au bras de Tavannes, et il gagna son appartement, où il défendit que personne le suivît.

Tout le monde remarqua qu'il semblait fort grave ; pendant toute la route il avait profondément réfléchi; n'adressant la parole à personne, et ne s'occupant plus ni de la conspiration ni des conspirateurs. Il était évident que ce qui le préoccupait c'était sa maladie.

Maladie si subite, si étrange, si aiguë, et dont quelques symptômes étaient les mêmes que les symptômes qu'on avait remarqués chez son frère François II quelque temps avant sa mort.

Aussi la défense faite à qui que ce fût, excepté maître Paré, d'entrer chez le roi, n'étonna-t-elle personne. La misanthropie, on le savait, était le fond du caractère du prince.

Charles entra dans sa chambre à coucher, s'assit sur une espèce de chaise longue, appuya sa tête sur des coussins, et, réfléchissant que maître Ambroise Paré pourrait n'être pas chez lui et tarder à venir, il voulut utiliser le temps de l'attente.

En conséquence, il frappa dans ses mains; un garde parut.

— Prévenez le roi de Navarre que je veux lui parler, dit Charles.

Le garde s'inclina et obéit.

Charles renversa sa tête en arrière, une lourdeur effroyable de cerveau lui laissait à peine la faculté de lier ses idées les unes aux autres, une espèce de nuage sanglant flottait devant ses yeux ; sa bouche était aride, et il avait déjà, sans étancher sa soif, vidé toute une carafe d'eau.

Au milieu de cette somnolence, la porte se rouvrit et Henri parut; M. de Nancey le suivait par derrière, mais il s'arrêta dans l'antichambre.

Le roi de Navarre attendit que la porte fût refermée derrière lui.

Alors il s'avança.

— Sire, dit-il, vous m'avez fait demander, me voici.

Le roi tressaillit à cette voix, et fit le mouvement machinal d'étendre la main.

— Sire, dit Henri en laissant ses deux mains pendre à ses côtés, Votre Majesté oublie que je ne suis plus son frère, mais son prisonnier.

— Ah! ah! c'est vrai, dit Charles; merci de me l'avoir rappelé. Il y a plus, il me souvient que vous m'avez promis, lorsque nous serions en tête-à-tête, de me répondre franchement.

— Je suis prêt à tenir cette promesse. Interrogez, Sire.

Le roi versa de l'eau froide dans sa main, et posa sa main sur son front.

— Qu'y a-t-il de vrai dans l'accusation du duc d'Alençon ? Voyons, répondez, Henri.

— La moitié seulement : c'était M. d'Alençon qui devait fuir et moi qui devais l'accompagner.

— Et pourquoi deviez-vous l'accompagner ? demanda Charles ; êtes-vous donc mécontent de moi, Henri ?

— Non, Sire, au contraire ; je n'ai qu'à me louer de Votre Majesté ; et Dieu, qui lit dans les cœurs, voit dans le mien quelle profonde affection je porte à mon frère et à mon roi.

— Il me semble, dit Charles, qu'il n'est point dans la nature de fuir les gens que l'on aime et qui nous aiment!

— Aussi, dit Henri, je ne fuyais pas ceux qui m'aiment, je fuyais ceux qui me détestent. Votre Majesté me permet-elle de lui parler à cœur ouvert?

— Parlez, Monsieur.

— Ceux qui me détestent ici, Sire, c'est M. d'Alençon et la reine-mère.

— M. d'Alençon, je ne dis pas, reprit Charles, mais la reine-mère vous comble d'attentions.

— C'est justement pour cela que je me

défie d'elle, Sire. Et bien m'en a pris de m'en défier!

— D'elle?

— D'elle ou de ceux qui l'entourent. Vous savez que le malheur des rois, Sire, n'est pas toujours d'être trop mal, mais trop bien servis.

— Expliquez-vous : c'est un engagement pris de votre part de tout me dire.

— Et Votre Majesté voit que je l'accomplis.

— Continuez.

— Votre Majesté m'aime, m'a-t-elle dit?

— C'est-à-dire que je vous aimais avant votre trahison, Henriot.

— Supposez que vous m'aimez toujours, Sire.

— Soit !

— Si vous m'aimez, vous devez désirer que je vive, n'est-ce pas ?

— J'aurais été désespéré qu'il t'arrivât malheur.

— Eh bien, Sire, deux fois Votre Majesté a bien manqué de tomber dans le désespoir !

— Comment cela ?

— Oui, car deux fois la Providence seule m'a sauvé la vie. Il est vrai que la seconde fois la Providence avait pris les traits de Votre Majesté.

— Et la première fois quelle marque avait-elle prise ?

— Celle d'un homme qui serait bien étonné de se voir confondu avec elle, de René. Oui, vous, Sire, vous m'avez sauvé du fer.

Charles fronça le sourcil, car il se rappelait la nuit où il avait emmené Henriot rue des Barres.

— Et René? dit-il.

— René m'a sauvé du poison.

— Peste! tu as de la chance, Henriot, dit le roi en essayant un sourire dont une vive douleur fit une contraction nerveuse. Ce n'est pas là son état.

— Deux miracles m'ont donc sauvé, Sire.

Un miracle de repentir de la part du Florentin, un miracle de bonté de votre part. Eh bien! je l'avoue à Votre Majesté, j'ai peur que le ciel ne se lasse de faire des miracles, et j'ai voulu fuir en raison de cet axiome : Aide-toi, le ciel t'aidera.

— Pourquoi ne m'as-tu pas dit cela plus tôt, Henri?

— En vous disant ces mêmes paroles hier, j'étais un dénonciateur.

— Et en me les disant aujourd'hui?

— Aujourd'hui, c'est autre chose; je suis accusé et me défends.

— Es-tu sûr de cette première tentative, Henriot?

— Aussi sûr que de la seconde.

— Et l'on a tenté de t'empoisonner ?

— On l'a tenté.

— Avec quoi ?

— Avec de l'opiat.

— Et comment empoisonne-t-on avec de l'opiat ?

— Dame! Sire, demandez à René; on empoisonne bien avec des gants...

Charles fronça le sourcil; puis peu à peu sa figure se dérida.

— Oui, oui, dit-il comme s'il se parlait à lui-même, c'est dans la nature des êtres créés de fuir la mort. Pourquoi donc l'intelligence ne ferait-elle pas ce que fait l'instinct ?

— Hé bien ! Sire, demanda Henri, Votre Majesté est-elle contente de ma franchise, et croit-elle que je lui aie tout dit ?

— Oui, Henriot, oui, et tu es un brave garçon. Et tu crois alors que ceux qui t'en voulaient ne se sont point lassés, que de nouvelles tentatives auraient été faites.

— Sire, tous les soirs, je m'étonne de me trouver encore vivant.

— C'est parce qu'on sait que je t'aime, vois-tu, Henriot, qu'ils veulent te tuer. Mais, sois tranquille ; ils seront punis de leur mauvais vouloir. En attendant, tu es libre.

— Libre de quitter Paris, Sire? demanda le roi.

— Non pas, tu sais bien qu'il m'est impossible de me passer de toi. Eh! mille noms d'un diable! il faut bien que j'aie quelqu'un qui m'aime.

— Alors, Sire, si Votre Majesté me garde près d'elle, qu'elle veuille bien m'accorder une grâce...

— Laquelle?

— C'est de ne point me regarder à titre d'ami, mais à titre de prisonnier.

— Comment, de prisonnier?

— Eh, oui. Votre Majesté ne voit-elle pas que c'est son amitié qui me perd!

— Et tu aimes mieux ma haine ?

— Une haine apparente, Sire. Cette haine me sauvera : tant qu'on me croira en disgrâce, on aura moins hâte de me voir mort.

— Henriot, dit Charles, je ne sais pas ce que tu désires ; je ne sais pas quel est ton but ; mais si tes désirs ne s'accomplissent point, si tu manques le but que tu te proposes, je serai bien étonné.

— Je puis donc compter sur la sévérité du roi ?

— Oui.

— Alors, je suis plus tranquille. — Maintenant qu'ordonne Votre Majesté ?

— Rentre chez toi, Henriot. Moi je suis

souffrant, je vais voir mes chiens et me mettre au lit.

— Sire, dit Henri, Votre Majesté aurait dû faire venir un médecin, son indisposition d'aujourd'hui est peut-être plus grave qu'elle ne pense.

— J'ai fait prévenir maître Ambroise Paré, Henriot.

— Alors je m'éloigne plus tranquille.

— Sur mon âme, dit le roi, je crois que de toute ma famille tu es le seul qui m'aime véritablement.

— Est-ce bien votre opinion, Sire ?

— Foi de gentilhomme !

— Eh bien ! recommandez-moi à M. de Nancey comme un homme à qui votre colère ne donne pas un mois à vivre : c'est le moyen que je vous aime longtemps.

— Monsieur de Nancey, cria Charles.

Le capitaine des gardes entra.

— Je remets le plus grand coupable du royaume entre vos mains, continua le roi, vous m'en répondez sur votre tête.

Et Henri, la mine consternée, sortit derrière M. de Nancey.

FIN DU CINQUIÈME VOLUME.

TABLE

DU CINQUIÈME VOLUME.

	Pages.
Chap. I. Les confidences.	1
II. Les ambassadeurs.	57
III. Oreste et Pylade.	59
IV. Orthon.	89
V. L'hôtellerie de la Belle Étoile.	127
VI. De Mouy de Saint-Phale.	159
VII. Deux têtes pour une couronne.	179
VIII. Le livre de vénerie.	213
IX. La chasse au vol.	235
X. Le pavillon de François Ier.	265
XI. Les investigations.	287

Sceaux. — Impr. de E. Dépée.

PETION, éditeur, 11, rue du Jardinet. — MICHEL LEVY frères, éditeurs, 1, rue Vivienne.

ALEXANDRE DUMAS
DEUXIÈME ÉDITION IN-8° DE CABINET DE LECTURE.

LES TROIS MOUSQUETAIRES.	8 vol.	40 f.
VINGT ANS APRÈS.	8 »	40 f.
LA REINE MARGOT.	6 »	30 f.
LE COMTE DE MONTE-CRISTO.	12 »	60 f.

Pour faciliter l'acquisition de ces ouvrages, qu'on regarde généralement comme les chefs-d'œuvre de leur auteur, les Éditeurs offrent les avantages suivants :

LA REINE MARGOT et VINGT ANS APRÈS, 14 vol. Au lieu de 70 fr. .... 60 fr.

LA REINE MARGOT, VINGT ANS APRÈS et LES TROIS MOUSQUETAIRES, 22 vol. — Au lieu de 110 fr. .... 96 fr.

LA REINE MARGOT, VINGT ANS APRÈS, LES TROIS MOUSQUETAIRES et MONTE-CRISTO, 34 vol. — Au lieu de 170 fr. . 146 fr.

www.ingramcontent.com/pod-product-compliance
Lightning Source LLC
Chambersburg PA
CBHW060354170426
43199CB00013B/1861